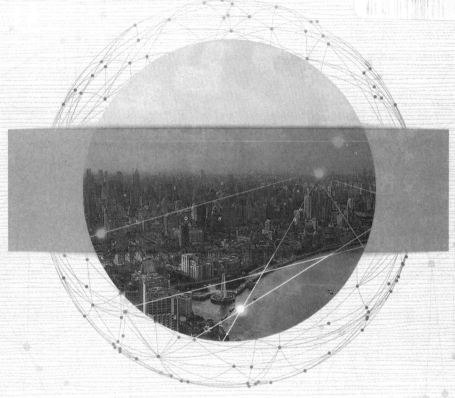

Situation and Policy

形势与政策

（2019 年秋）

主　编　徐晨超

编　委　王青花　闫振伟　薛燕飞　贺海港

　　　　鲁青青　屠丹丹　徐晨超

ZHEJIANG UNIVERSITY PRESS

浙江大学出版社

图书在版编目(CIP)数据

形势与政策.2019年.秋 / 徐晨超主编.--杭州：
浙江大学出版社,2019.8
ISBN 978-7-308-19453-2

Ⅰ.①形… Ⅱ.①徐… Ⅲ.①时事政策教育–高等学
校–教材 Ⅳ.①G641.41

中国版本图书馆CIP数据核字(2019)第179129号

形势与政策（2019年秋）

徐晨超　主编

责任编辑	朱　辉
责任校对	虞雪芬　陈逸行　牟杨茜
封面设计	春天书装
出版发行	浙江大学出版社
	（杭州市天目山路148号　邮政编码310007）
	（网址:http://www.zjupress.com）
排　　版	杭州朝曦图文设计有限公司
印　　刷	杭州杭新印务有限公司
开　　本	787mm×1092mm　1/16
印　　张	9.25
字　　数	226千
版印次	2019年8月第1版　2019年8月第1次印刷
书　　号	ISBN 978-7-308-19453-2
定　　价	28.00元

前　言

　　"形势与政策"课是理论武装时效性、释疑解惑针对性、教育引导综合性都很强的一门高校思想政治理论课,是帮助大学生正确认识新时代国内外形势,深刻领会党的十八大以来党和国家事业发生的历史性变革、取得的历史性成就、面临的历史性机遇和挑战的核心课程,是第一时间推动党的理论创新成果进教材进课堂进学生头脑,引导大学生准确理解党的基本理论、基本路线、基本方略的重要渠道。

　　为了不断加强新时代高校"形势与政策"课的建设,指导"形势与政策"课讲出形势感和政策味,教育引导学生深入学习贯彻习近平新时代中国特色社会主义思想和党的十九大以及十九大后三次中央全会的精神,树立共产主义远大理想和中国特色社会主义共同理想,我们结合国内外时事热点,组织一线教师编写了这本《形势与政策(2019年秋)》教材。

　　本书紧密围绕学习贯彻习近平新时代中国特色社会主义思想,把坚定"四个自信"贯穿教学全过程,重点讲授党的理论创新最新成果,重点讲授新时代坚持和发展中国特色社会主义的生动实践,引导学生正确认识世界和中国发展大势,正确认识中国特色和国际比较,正确认识时代责任和历史使命,正确认识远大抱负和实干兴邦。在国家大事方面,今年10月即将迎来新中国成立70周年华诞,本书在回顾70年来伟大建设奋斗历程的同时,结合我党取得的宝贵的历史经验及深刻的历史启示,联系当下新时代的巨大成就,引导学生充分认识只有社会主义才能救中国,只有中国共产党才能领导中国人民建设中国特色社会主义;此外,纪念五四运动100周年,以及习近平总书记在学校思想政治理论课教师座谈会上的重要讲话精神也是本书编写的重点内容。在经济民生领域,本书重点解读当下的一些社会焦点问题,如消费者权益保护、共享经济及网红经济的发展趋势等,引导学生正确认识一些社会新闻,对近期的经济政策、网络舆论等作出正面回应与释读。在中国外交方面,本书重点讲授"一带一路"背景下的对外交往,宣扬传递中国坚持走和平发展道路及奉行合作共赢的理念、为推动构建人类命运共同体作出的新贡献。在总体布局上,本书尽力做到按形势发展要求和学生特点有针对性地设置教学内容,及时回应学生关注的热点问题。

　　本书是浙江工业职业技术学院思政教学团队集体智慧的结晶,由徐晨超担任主编,负责大纲拟定、统稿及定稿工作,王青花、闫振伟、薛燕飞、贺海港、鲁青青、屠丹丹、徐晨超担任编委,分别编写全书第一讲到第七讲。本书经中共浙江工业职业技术学院党委审定,由浙江大学出版社编辑出版。

在编写过程中,我们参阅了多位专家的研究成果,篇幅所限,不能一一致谢,敬请诸位专家谅解海涵。尽管本书多次修改,囿于编者水平,不足之处在所难免,尚祈专家读者批评指正。

《形势与政策(2019年秋)》编写组

2019年8月

目 录

CONTENTS

第一讲 普天同庆 新中国成立70周年

一、新中国成立,开启光辉历程

二、70载砥砺奋进,书写伟大成就

三、宝贵的历史经验,深刻的历史启示

四、追梦新时代,奋斗新征程

1949年10月1日,毛泽东主席在天安门城楼上向全世界庄严宣告中华人民共和国中央人民政府成立,这标志着新中国诞生,也标志着中华民族浴火重生,开启了实现国家富强、民族振兴、人民幸福的伟大新征程。70年斗转星移,沧海桑田。回望历史,我们看到的是一条中华民族从独立到富强的复兴之路,是中国人民改天换地创造人间奇迹的辉煌之路。今天,我们行进在新时代,承载着历史的荣光,肩负着未来的希望。

一、新中国成立,开启光辉历程

(一)伟大时刻,新中国成立

1949年10月1日下午2时,中国人民政治协商会议第一届全体会议选举产生的中央人民政府委员会在北京中南海勤政殿举行第一次会议。中央人民政府主席毛泽东,副主席朱德、刘少奇、宋庆龄、李济深、张澜、高岗,以及周恩来、陈毅等56名委员宣布就职,宣告中华人民共和国中央人民政府成立。会议一致决定,接受《中国人民政治协商会议共同纲领》为施政方针,向各国政府宣布中华人民共和国中央人民政府为中国唯一合法政府,愿与遵守平等、互利及互相尊重领土主权等原则的任何外国政府建立外交关系。会议结束后,中央人民政府主席、副主席及各位委员集体出发,乘车出中南海东门,前往天安门城楼出席开国大典。下午3时,毛泽东等国家领导人登上天安门城楼,北京30万军民齐集天安门广场,隆重举行开国典礼。毛泽东在天安门城楼上向全世界庄严宣告:"中华人民共和国中央人民政府今天成立了!"

拓展阅读

中华人民共和国国庆节历史由来

1949年10月1日，中华人民共和国中央人民政府成立典礼，即开国大典，在北京天安门广场隆重举行。

最早提出"国庆日"的，是时任政协委员、民进首席代表马叙伦。1949年10月9日，中国人民政治协商会议第一届全国委员会召开第一次会议。许广平委员发言："马叙伦委员请假不能来，他托我来说，中华人民共和国的成立，应有国庆日，所以希望本会决定把10月1日定为国庆日。"林伯渠委员也发言附议，要求讨论决定。当天会议通过《请政府明定十月一日为中华人民共和国国庆日，以代替十月十日的旧国庆日》的建议案，送请中央人民政府采择施行。

1949年12月2日，中央人民政府委员会第四次会议通过的决议指出："中央人民政府委员会兹宣告：自1950年起，即以每年的10月1日，即中华人民共和国宣告成立的伟大日子，为中华人民共和国国庆日。"

这就是把"10月1日"确定为中华人民共和国"生日"，即"国庆日"的来历。从1950年起，每年的10月1日成为中国各族人民隆重欢庆的节日。

新中国的成立，对于中华民族和中国人民来说，有着伟大的历史意义。中国共产党领导全国各族人民，推翻了压在人民头上的帝国主义、封建主义和官僚资本主义三座大山，取得新民主主义革命的胜利并建立了中华人民共和国。新中国的成立，开辟了中国历史的新纪元。从此，中国结束了100多年来被侵略被奴役的屈辱历史，真正成了独立自主的国家，中国人民从此站起来了，成为国家的主人。新中国的成立，壮大了世界和平、民主和社会主义的力量，鼓舞了世界被压迫民族和被压迫人民争取解放的斗争。

(二)伟大征程，光辉历程

在人类历史长河中，70年弹指一挥间。1840年鸦片战争后的100多年里，中国频遭侵略和蹂躏之害，饱受战祸和动乱之苦。新中国成立以来的70年是改变中华民族前途命运的70年，是沿着民族复兴之路奋勇前行的70年。新中国70年是史诗般的历史进程。在中国共产党领导下，我们筚路蓝缕，辟榛除莽，一路走来，走向复兴，走向辉煌。

实现民族独立、人民解放，是走向民族复兴的前提。中华人民共和国的成立，彻底结束了中华民族100多年的屈辱历史，实现了中国人民最迫切、最深沉的愿望，中华民族获得了历史性新生。从此，中国人民将命运牢牢掌握在自己手中。毛泽东同志明确宣布："中国必须独立，中国必须解放，中国的事情必须由中国人民自己作主张，自己来处理，不容许任何帝国主义国家再有一丝一毫的干涉。"①

新生的中华人民共和国,一穷二白、百废待兴。以毛泽东同志为主要代表的中国共产党人以宏大的历史气魄,开基创业,立纲立纪,确立了人民民主专政的国体,建立了人民代表大会制度的政体,进行了极富创造性的社会主义三大改造。社会主义基本制度的确立,实现了中国历史上最深刻最伟大的社会变革,新中国展现出旺盛的生命力和巨大的发展潜力,各项事业如火如荼。当然,我们也要看到,在人类历史上,伟大的社会进步从来都不会一蹴而就,希望与艰难共生,探索与曲折并存。新中国在发展过程中也曾遭遇一些严重挫折,但党在社会主义革命和建设中取得的独创性理论成果和巨大成就,为在新的历史时期开创中国特色社会主义提供了宝贵经验、理论准备、物质基础。

中国共产党人善于学习,勇于直面困难、挫折和失误。党的十一届三中全会以来,我们党深刻总结我国社会主义建设正反两方面经验,果断作出把党和国家工作中心转移到经济建设上来、实行改革开放的历史性决策,中国这艘巨轮再度扬帆远航,新中国的历史掀开了新的一页。

邓小平同志在总结我国社会主义历史经验、借鉴世界社会主义历史经验的基础上,提出建设有中国特色的社会主义。由此,坚持和发展中国特色社会主义成为改革开放以来党的全部理论和实践的主题。随着对什么是社会主义、怎样建设社会主义认识的不断深化,我们党作出我国正处于并将长期处于社会主义初级阶段的科学判断,确立社会主义初级阶段基本路线,制定到21世纪中叶分三步走、基本实现社会主义现代化的发展战略。在这一历史进程中,以邓小平同志为主要代表的中国共产党人把马克思主义基本原理同中国改革开放的具体实际结合起来,创立了邓小平理论,科学回答了建设中国特色社会主义的一系列基本问题,使社会主义在中国的发展进入新境界。

党的十三届四中全会以后,以江泽民同志为主要代表的中国共产党人加深了对什么是社会主义、怎样建设社会主义和建设什么样的党、怎样建设党的认识,形成了"三个代表"重要思想。在推动中国特色社会主义发展的实践中,确立了社会主义市场经济体制的改革目标和基本框架,确立了社会主义初级阶段的基本经济制度和分配制度,开创全面改革开放新局面,推进党的建设新的伟大工程,成功把中国特色社会主义推向21世纪。

党的十六大以后,以胡锦涛同志为主要代表的中国共产党人不断推进实践基础上的理论创新,深刻认识和回答新形势下实现什么样的发展、怎样发展等重大问题,形成了科学发展观。在推动中国特色社会主义发展的实践中,强调坚持以人为本、全面协调可持续发展,形成中国特色社会主义事业总体布局,着力保障和改善民生,促进社会公平正义,推动建设和谐世界,推进党的执政能力建设和先进性建设,成功在新的历史起点上坚持和发展了中国特色社会主义。

党的十八大以来,以习近平同志为主要代表的中国共产党人从理论和实践结合上系统回答了新时代坚持和发展什么样的中国特色社会主义、怎样坚持和发展中国特色社会主义这个重大时代课题,创立了习近平新时代中国特色社会主义思想。党的十九大把习近平新

---

①钱其琛.毛泽东在开创新中国外交和国际战略思想上的伟大贡献.[2019-05-26].http://www.people.com.cn/
GB/shizheng/8198/30446/30451/2210853.html.

时代中国特色社会主义思想确立为我们党必须长期坚持的指导思想,实现了党的指导思想又一次与时俱进。作为马克思主义中国化的最新成果,习近平新时代中国特色社会主义思想实现了马克思主义在当代中国、在21世纪的创新发展,也引领着中国特色社会主义在新时代的创新发展。

二、70载砥砺奋进,书写伟大成就

70年砥砺奋进,70年春华秋实。中华人民共和国成立以来的70年,是彻底改变中华民族前途命运的70年,中国人民创造了人类历史上前所未有的伟大成就。

(一)70年来我们取得的最根本成就就是创立、坚持和发展了中国特色社会主义

中国特色社会主义是在改革开放历史新时期开创的,也是建立在我们党长期奋斗基础上的,是由我们党的几代中央领导集体团结带领全党全国人民历经千辛万苦、付出各种代价、接力探索取得的。它是在我国改革开放40多年的伟大实践中得来的,也是在中华人民共和国70年的持续探索中得来的。

在社会主义革命和建设时期,以毛泽东同志为核心的党的第一代中央领导集体团结带领全党全国人民,进行社会主义革命,建立社会主义基本制度,成功实现了中国历史上最深刻最伟大的社会变革,为当代中国一切发展进步奠定了根本政治前提和制度基础。在探索过程中,虽然经历了严重曲折,但取得的独创性理论成果和巨大成就,丰富发展了毛泽东思想,为改革开放新时期开创中国特色社会主义提供了宝贵经验、理论准备、物质基础。

在改革开放和社会主义现代化建设新时期,以邓小平同志为核心的党的第二代中央领导集体团结带领全党全国人民,深刻总结我国社会主义建设正反两方面经验教训,借鉴世界社会主义历史经验,作出把党和国家工作中心转移到经济建设上来、实行改革开放的历史性决策,阐明在中国建设社会主义、巩固和发展社会主义的一系列基本问题,创立邓小平理论,成功开创了中国特色社会主义。以江泽民同志为核心的党的第三代中央领导集体团结带领全党全国人民,坚持党的基本理论、基本路线,在国内外形势十分复杂、世界社会主义出现严重曲折的严峻考验面前,捍卫了中国特色社会主义,形成"三个代表"重要思想,全面开创改革开放新局面,成功把中国特色社会主义推向21世纪。以胡锦涛同志为总书记的党中央团结带领全党全国人民,抓住重要战略机遇期,在全面建设小康社会进程中推进实践创新、理论创新、制度创新,形成科学发展观,成功在新的历史起点上坚持和发展了中国特色社会主义。

党的十八大以来,以习近平同志为核心的党中央团结带领全党全国人民,面对世界复杂多变的形势和国内繁重艰巨的改革发展任务,面对党面临的重大风险考验和党内存在的突出问题,举旗亮剑,谋篇布局,进行伟大斗争、建设伟大工程、推进伟大事业、实现伟大梦想,推动中国特色社会主义进入新时代,形成了习近平新时代中国特色社会主义思想,谱写了新时代中国特色社会主义新篇章。

(二)70年来我们取得成就的最显著标志就是迎来了三次伟大飞跃

70年来我们迎来了中华民族从"东亚病夫"到站起来的伟大飞跃,迎来了中华民族从站起来到富起来的伟大飞跃,迎来了中华民族从富起来到强起来的伟大飞跃。这三次伟大飞跃是翻天覆地的,是举世瞩目的。它是中华人民共和国70年历史中三个最耀眼、最显著、最明晰的标识。

新中国的成立是中华民族站起来的起点和基本标志。站起来不是一蹴而就的,要站得住、站得稳需要一个历史过程。在社会主义革命和建设时期,我们全面确立了社会主义基本制度。我国现行的国体、政体、国家结构形式和政党制度就是在这个时候确立的。我们开始全面建设社会主义,建立了独立的、比较完整的工业体系和国民经济体系,取得了历史性巨大成就。这期间我们不仅能够自行设计和批量生产汽车、飞机、坦克、大炮、拖拉机等,成功爆炸了原子弹、氢弹,发射了中远程导弹和人造地球卫星,还初步解决了几亿人的吃饭穿衣问题,这在当时被世界公认为是一个伟大奇迹。

改革开放使中国大踏步赶上时代,极大地发展了中国。从1978年至2012年,经过全国人民的努力奋斗,我国的社会主义现代化建设取得举世瞩目的伟大成就。经济实力、科技实力、国防实力、综合国力、国际影响力都大为提升,人民生活水平不断提高。2010年,我国国内生产总值超过日本,成为世界第二大经济体。我国先后于1999年和2010年跨入下中等收入国家和上中等收入国家的行列,中华民族真正富起来了。

党的十八大以来,以习近平同志为核心的党中央以巨大的政治勇气和强烈的使命担当,解决了许多长期想解决而没有解决的难题,办成了许多过去想办而没有办成的大事,推动党和国家事业取得全方位、开创性的历史性成就,发生深层次、根本性的历史性变革。中国日益走近世界舞台中央,对世界的影响力、感召力、塑造力日益增强。2018年,我国国内生产总值超过90万亿元,稳居世界第二,对世界经济增长的贡献率接近30%。我国的对外贸易、对外投资、外汇储备稳居世界前列,创新型国家建设取得丰硕成果,天宫、蛟龙、天眼、悟空、墨子、大飞机等重大科技成果相继问世。中华民族迎来了强起来的历史性飞跃和实现伟大复兴的光明前景。

(三)70年来发生的最深刻变革就是党领导人民进行了伟大的社会革命

进行社会革命的目的,就是要破除生产关系、经济基础、上层建筑领域内一切旧的思想观念和体制机制弊端的束缚,解放和发展社会生产力,加快中华民族伟大复兴的历史进程。

中国是一个地域广大、人口众多、国情复杂的东方大国,在这样一个国度里要领导好伟大的社会革命是极不容易的事情。我们党带领人民把马克思主义基本原理同中国实际和时代特征相结合,坚持辩证唯物主义和历史唯物主义,坚持一切从实际出发,以众志成城的决心,以敢为人先的勇气,以壮士断腕的毅力,以百折不挠的意志,谱写了中华民族惊天地、泣鬼神的壮丽史诗。社会主义革命和建设是改革开放和社会主义现代化建设的前提和基础,改革开放和社会主义现代化建设是社会主义革命和建设的发展趋势和必然结果,两者相互联系,不可分割。

伟大的社会革命,在中国彻底结束存在几千年的生产资料私人占有的剥削制度,这在中国历史上是前所未有的;使我国在社会体制机制上摆脱了封闭僵化的束缚,焕发出新的生机活力,成为世界社会主义的中流砥柱。可以说,伟大的社会革命,极大地激发和调动了亿万人民的积极性、主动性、创造性,极大地解放和发展了社会生产力,极大地增强了社会的发展动力与活力,为中华民族实现从站起来、富起来到强起来的伟大飞跃创造了条件、奠定了基础。

(四)70年来我们取得的最直观成就是党领导人民创造了一系列经济社会发展的伟大奇迹

第一,我们创造了经济发展的伟大奇迹。中国经济发展的伟大奇迹,植根于新中国前30年艰苦卓绝的探索,得益于改革开放的伟大历史抉择。新中国成立后,我们在不长的时间里建立起了独立的比较完整的工业体系和国民经济体系。改革开放后,对内改革、对外开放的全面展开,充分释放了中国经济的活力,创造了人类经济发展史上罕见的中国速度。2018年,我国国内生产总值为900309亿元,经济总量首次站上90万亿元的历史新台阶,稳居世界第二位。在推动经济发展的过程中,我们也经历了1997年亚洲金融危机、2008年国际金融危机等的严重冲击,但中国经济经受住了严峻考验,表现出极强的韧性。

第二,我们创造了民生改善的伟大奇迹。我们党始终把全心全意为人民服务作为自己的根本宗旨,坚持让人民群众共享经济发展、社会进步成果。经过70年不懈努力,人民生活水平从解决温饱到实现总体小康,正在迈向全面小康。1978年,我国农村贫困人口高达7.7亿人,到2018年我国农村贫困人口已下降到1660万人。特别是党的十八大以来,精准扶贫、精准脱贫力度之大、效果之彰,在人类历史上前所未有。中国还建成了世界上规模最大、覆盖人口最多的社会保障体系。截至2018年底,我国基本养老保险、失业保险、工伤保险参保人数分别达到9.42亿人、1.96亿人、2.39亿人。今天,广大人民群众过上了比以往任何时候都更加富足的生活。

第三,我们创造了科技进步的伟大奇迹。新中国70年,是创造科技进步奇迹的70年。在这70年中,我们形成了规模宏大的科技队伍,取得了一个又一个举世瞩目的科技成就。多复变函数论、陆相成油理论、人工合成牛胰岛素等成就,高温超导、中微子物理、量子反常霍尔效应、纳米科技等基础科学突破,“两弹一星”、超级杂交水稻、高性能计算机等工程技术成果,为我国经济社会发展提供了坚强支撑,也为我国成为一个有世界影响的大国奠定了重要基础。当前,大数据、云计算、人工智能等新技术推动数字经济、平台经济、共享经济井喷式发展。古老的中国,在新一轮科技革命浪潮中踏浪前行。

第四,我们创造了制度创新的伟大奇迹。一部新中国成长史,就是一部辉煌的制度创新史。在基础薄弱、人口众多的国家建设社会主义、推进现代化事业,是一项前无古人的全新创举,没有现成的教科书可供学习,没有成熟的发展模式可供模仿,出路只有一条,那就是创新。70年来,我们党领导人民进行了制度创新的伟大探索。人民代表大会制度保障了人民群众当家作主的权利,中国共产党领导的多党合作和政治协商制度构建起和谐的党际关系,社会主义市场经济体制把社会主义和市场经济的优势结合起来,“一国两制”伟大构想开辟了以和平方式实现祖国统一的崭新道路,等等。新中国70年的制度创新,为人类制度文明发展作出了独特贡献。

此外,中国创造的奇迹还有很多。这一个个奇迹极大改变了中国的面貌、中华民族的面貌、中国人民的面貌、中国共产党的面貌,汇聚成实现中华民族伟大复兴的盛大景象。

(五)70年来党和人民最突出的表现是成功应对和抵御了一系列重大风险、各种困难挑战与考验

70年来我们所走过的路是充满荆棘、十分坎坷和极不平坦的。其间,我们经受了一系列各种各样重大风险和困难的挑战与考验。这些风险和困难,有来自国内的,有来自国外的;有政治的,有经济的,有军事的,有意识形态的;有社会的,也有自然界的。70年来的这些风险和困难,使党和人民受到了锻炼和考验。可以说,中华人民共和国70年的历史,就是一部党和人民自力更生、艰苦奋斗,不怕压、不信邪,勠力同心、发愤图强的历史;就是一部党和人民经历磨难、经受考验,大胆探索、敢于实践,善于学习、勇于革命的历史;就是一部党和人民改革创新、砥砺奋进,对外开放、走向世界,创造奇迹、铸造辉煌的历史。

新中国成立以来的一些成就

1."两弹一星"

"两弹"中的一弹原是指原子弹,后来演变为原子弹和氢弹的合称,另一弹是指导弹;"一星"则是指人造卫星。1964年10月16日我国第一颗原子弹爆炸成功,1967年6月17日我国第一颗氢弹爆炸成功,1970年4月24日我国第一颗人造卫星发射成功。中国的"两弹一星",是20世纪下半叶中华民族创建的辉煌伟业。

2.恢复联合国合法席位

联合国是以自己的普遍性而自豪的,然而,不恢复中国在联合国的合法席位、占世界人口五分之一的中国不在联合国里,联合国有什么普遍性可言?世界面临着众多的问题,需要联合国发挥作用,如果联合国缺少中国,显然在应对世界上众多问题时缺少了有力的支撑。联合国需要中国。1971年10月25日,联合国大会第26届会议通过了第2758号决议,恢复中华人民共和国在联合国的合法权利。

3.载人航天

"神舟五号"和"神舟六号"飞行任务的圆满成功,标志着我国实现了载人航天工程第一步任务目标。"神舟七号"飞行任务的圆满成功,标志着我国掌握了航天员空间出舱活动关键技术;"天宫一号"与"神舟八号"和"神舟九号"交会对接任务的圆满成功,标志着我国突破和掌握了自动和手动控制交会对接技术;"神舟十号"飞行任务的圆满成功标志着我国航天运输系统进入定型阶段,是载人航天工程第二步第一阶段任务的收官之战。

4.港澳回归

1997年7月1日中国政府恢复对香港行使主权,结束了英国在香港一个半世纪的殖民统治。1999年12月20日中国政府恢复对澳门行使主权,结束了葡萄牙在澳门数百年的殖民统治。香港、澳门回到祖国怀抱,大大推进了祖国的和平统一大业。

5.青藏铁路

青藏铁路是实施西部大开发战略的标志性工程。该铁路东起青海西宁,西至西藏拉萨,全长1956公里。西宁至格尔木段814公里于1958年开工,1979年铺通,1984年投入运营。格尔木至拉萨段,北起青海省格尔木市,经纳赤台、五道梁、沱沱河、雁石坪、翻越唐古拉山,再经西藏自治区安多、那曲、当雄、羊八井至拉萨,全长1142公里,其中新建线路1110公里,于2001年开工,2006年通车运营。

6.中国加入世贸组织

中国是1947年成立的关贸总协定的创始国之一。1984年4月,中国取得了总协定观察员地位。1986年7月,中国向关贸总协定正式提出恢复关贸总协定缔约国地位的申请,从此开始了"复关"和"入世"谈判的漫漫征程。在2001年12月11日加入世贸组织后的十几年间,中国的面貌发生了重大变化,中国对外贸易关系发生重大变化,中国在世界大家庭中的贡献、地位和作用发生重大变化。加入世贸组织推动开放,开放引入竞争,竞争倒逼改革,改革激发动力。

7.2008年北京奥运会

北京奥运会展示了中国作为世界大国的经济和科技实力。中国拥有如此众多的优秀运动员也令人印象深刻。此前改革开放30年的风雨历程中,中国在世界人民的印象中更多的是一个蓬勃的新兴经济体,北京奥运会则把"文化中国"传递给了世界,"绿色""科技""人文"的理念深深地融进汇聚了人类和谐的奥运理念中。"文化中国"在世人心中留下印痕,中国传统、现代的文化元素通过奥运会这一平台走向世界。

8.中国成为世界第二大经济体

日本内阁府发布的数据显示,2010年日本名义GDP为54742亿美元,比中国少4044亿美元,中国GDP超过日本。新中国成立以来,特别是改革开放以来,我国经济持续快速增长,终于超过日本,成为仅次于美国的世界第二大经济体。

9.辽宁舰

"辽宁号"航空母舰,简称辽宁舰,舷号16,是中国人民解放军海军第一艘可以搭载固定翼飞机的航空母舰,前身是苏联海军的库兹涅佐夫元帅级航空母舰2号舰"瓦良格号"。辽宁舰的入列不仅是中国海军史上划时代的大事,也是中国发展历程上的一个里程碑,它向全世界宣示中国正式步入航母时代,中国的海上力量有了明显飞跃。

10.北斗卫星导航系统

北斗卫星导航系统(BDS)是中国自行研制的全球卫星定位与通信系统,是继美国全球定位系统(GPS)和俄罗斯格洛纳斯卫星导航系统(GLONASS)之后第三个成熟的卫星导航系统。系统由空间端、地面端和用户端组成,可在全球范围内全天候、全天时为各类用户提供高精度、高可靠性的定位、导航、授时服务。自20世纪90年代开始,北斗系统启动研制,按"三步走"发展战略,先有源后无源,先区域后全球,先后建成北斗一号、北斗二号、北斗三号系统,走出了一条中国特色的卫星导航系统建设道路。

三、宝贵的历史经验,深刻的历史启示

中华人民共和国70年的历史是党和人民一笔宝贵的历史经验和精神财富,它为我们继续前行提供了深刻的历史启示。

(一)中国共产党是中华民族的脊梁,是中国人民的主心骨,党的领导是我们各项事业取得胜利的根本政治保证

共和国70年的历史充分证明,中国共产党不愧为伟大、光荣、正确的马克思主义政党,不愧为领导中国人民不断开创事业发展新局面的核心力量,坚持中国共产党的领导是办好中国一切事情的根本前提。中国人民实现解放,离不开中国共产党的领导;中华民族要实现伟大复兴,同样离不开中国共产党的领导。我们要牢记中国共产党领导是中国特色社会主义最本质的特征,是中国特色社会主义制度的最大优势。这是我们行稳致远的根本政治前提和保证。

马克思、恩格斯在《共产党宣言》中曾指出,共产党人不是同其他工人政党相对立的特殊政党,他们没有任何同整个无产阶级的利益不同的利益。中国共产党是中国工人阶级的先锋队,同时是中国人民和中华民族的先锋队。这就决定了中国共产党能够摆脱以往一切政党受阶级利益束缚的历史局限,做其他政党不愿做、不想做、不能做,也做不了、做不好的事。光明磊落、襟怀坦白,坚持真理、修正错误,就成为中国共产党人的优良传统和品格。这也就是在70年中党和国家事业遭受挫折,而我们党却能够迅速纠正错误,化险为夷,走出困境,开创新局面的根本原因。新时代中国特色社会主义是我们党领导人民进行伟大社会革命的成果,也是我们党领导人民进行伟大社会革命的继续。在新的征程中,我们要牢固树立"四个意识",坚决维护习近平总书记党中央的核心、全党的核心地位,坚决维护党中央权威和集中统一领导,必须充分发挥党总揽全局、协调各方的领导核心作用。

(二)中国特色社会主义是党和人民胜利前进的光辉旗帜,是国家富强、民族振兴、人民幸福的必由之路

共和国70年的历史充分证明,我们之所以能创造彪炳史册的伟大成就,还在于我们党始终坚持把马克思主义基本原理同中国具体国情相结合,不断推进马克思主义中国化,形成中国特色社会主义道路、理论、制度、文化。方向决定道路,道路决定命运。中国特色社会主义是当代中国发展进步的根本方向,只有中国特色社会主义才能发展中国。中国特色社会主义承载着几代中国共产党人的理想和探索,寄托着无数仁人志士的夙愿和期盼,凝聚着亿万人民的奋斗和牺牲,是近代以来中国社会发展的必然选择,是国家富强、民族振兴、人民幸福的必由之路。中国特色社会主义是中国共产党和中国人民团结的旗帜、奋斗的旗帜、胜利的旗帜。

中国特色社会主义来之不易,需要我们倍加珍惜、悉心呵护。我们要全面建成小康社会、全面建设社会主义现代化国家,实现"两个一百年"奋斗目标,实现中华民族伟大复兴的中国梦,最根本的就是要坚持和发展中国特色社会主义。必须始终高举中国特色社会主义伟大旗帜,坚定不移地坚持和发展新时代中国特色社会主义,坚定中国特色社会主义的道路

自信、理论自信、制度自信、文化自信。当前,最重要的是始终坚持以习近平新时代中国特色社会主义思想为指导,坚定不移地同以习近平同志为核心的党中央保持高度一致,万众一心、齐心协力,将民族复兴大业推向前进。

(三)改革开放是一场新的伟大革命,是发展中国、赢得主动、走向世界、面向未来的根本途径和强大动力

共和国70年的历史充分证明,改革开放是当代中国发展进步的活力之源,是党和人民大踏步赶上时代前进步伐的重要法宝。改革开放是我们党的一次伟大觉醒,正是这个伟大觉醒孕育了我们党从理论到实践的伟大创造。改革开放是中国人民和中华民族发展史上一次伟大革命,正是这个伟大革命推动了中国特色社会主义事业的伟大飞跃。

我们党作出实行改革开放的历史性决策,是基于对党和国家前途命运的深刻把握,是基于对社会主义革命和建设实践的深刻总结,是基于对时代潮流的深刻洞察,是基于对人民群众期盼和需要的深刻体悟。1978年党的十一届三中全会以来的40多年,我们党就是靠改革开放振奋了民心、统一了思想、凝聚了力量,靠改革开放激发了全体人民的创造精神和创造活力,靠改革开放实现了我国经济社会快速发展、在与资本主义竞争中赢得了比较优势。改革开放发展了中国,壮大了中国,使我国的经济实力、科技实力、国防实力、综合国力进入世界前列,使我国的国际地位实现前所未有的提升,使党的面貌、国家的面貌、人民的面貌、军队的面貌、中华民族的面貌发生了前所未有的变化。未来我们要按照党的十九大谋划的宏伟蓝图,改革不停顿,开放不止步,把新时代的改革开放进行到底。

(四)人民群众是国家和社会的主人,是历史的创造者,是决定党和国家前途命运的根本力量

共和国70年的历史充分证明,党和国家的根基在人民、血脉在人民、力量在人民。共和国70年的历史就是一部生动的我们党和国家坚持和贯彻党的群众路线,把党的正确主张和国家意志变为群众自觉行动的历史,就是一部我们党同人民群众血肉相连、生死相依、患难与共的历史。人民是历史的创造者,是决定党和国家前途命运的根本力量。

我们党要履行好执政兴国的历史使命,实现既定的奋斗目标,就必须坚持人民主体地位,坚持立党为公、执政为民,依靠人民创造历史伟业。正如习近平同志所说:"前进道路上,我们必须始终把人民对美好生活的向往作为我们的奋斗目标,践行党的根本宗旨,贯彻党的群众路线,尊重人民主体地位,尊重人民群众在实践活动中所表达的意愿、所创造的经验、所拥有的权利、所发挥的作用,充分激发蕴藏在人民群众中的创造伟力。我们要健全民主制度、拓宽民主渠道、丰富民主形式、完善法治保障,确保人民依法享有广泛充分、真实具体、有效管用的民主权利。我们要着力解决人民群众所需所急所盼,让人民共享经济、政治、文化、社会、生态等各方面发展成果,有更多、更直接、更实在的获得感、幸福感、安全感,不断促进人的全面发展、全体人民共同富裕。"[①]

新中国70年的光辉历程带给我们的历史经验和启示还有很多,这些历史经验和启示都

---

①习近平.在庆祝改革开放40周年大会上的讲话.人民日报(海外版),2018-12-19(3)[2019-05-26].http:// paper.people.com.cn/rmrbhwb/html/2018-12/19/content_1899631.htm.

弥足珍贵。"雄关漫道真如铁,而今迈步从头越",我们要从新中国70年历史中汲取营养、汲取智慧,开启更为光辉的历程,创造更为伟大的成就。

总之,70年来我们所取得的辉煌成就,不是天上掉下来的,而是全党全国各族人民立足中国国情不断探索、不断奋斗、不断创新的结果。在中国这样一个有着5000多年文明史、近14亿人口的大国推进社会主义现代化,是前无古人的伟大事业。一切奇迹都是奋斗的结果、创新的结果。走好新时代的长征路,成功应对未来的风险和挑战,我们必须坚持以习近平新时代中国特色社会主义思想为指导,弘扬奋斗精神、创新精神,大胆探索、大胆实践、大胆创新,用发展的办法解决前进中的问题,不断夺取新时代中国特色社会主义新胜利。

习近平:关于坚持和发展中国特色社会主义的几个问题

第一,中国特色社会主义是社会主义而不是其他什么主义,科学社会主义基本原则不能丢,丢了就不是社会主义。我们党始终强调,中国特色社会主义,既坚持了科学社会主义基本原则,又根据时代条件赋予其鲜明的中国特色。这就是说,中国特色社会主义是社会主义,不是别的什么主义。一个国家实行什么样的主义,关键要看这个主义能否解决这个国家面临的历史性课题。在中华民族积贫积弱、任人宰割的时期,各种主义和思潮都进行过尝试,资本主义道路没有走通,改良主义、自由主义、社会达尔文主义、无政府主义、实用主义、民粹主义、工团主义等也都"你方唱罢我登场",但都没能解决中国的前途和命运问题。是马克思列宁主义、毛泽东思想引导中国人民走出了漫漫长夜、建立了新中国,是中国特色社会主义使中国快速发展起来了。不说更早的时期,就从改革开放开始,特别是苏联解体、东欧剧变以后,唱衰中国的舆论在国际上不绝于耳,各式各样的"中国崩溃论"从来没有中断过。但是,中国非但没有崩溃,反而综合国力与日俱增,人民生活水平不断提高,"风景这边独好"。历史和现实都告诉我们,只有社会主义才能救中国,只有中国特色社会主义才能发展中国,这是历史的结论、人民的选择。

近些年来,国内外有些舆论提出中国现在搞的究竟还是不是社会主义的疑问,有人说是"资本社会主义",还有人干脆说是"国家资本主义""新官僚资本主义"。这些都是完全错误的。我们说中国特色社会主义是社会主义,那就是不论怎么改革、怎么开放,我们都始终要坚持中国特色社会主义道路、中国特色社会主义理论体系、中国特色社会主义制度,坚持党的十八大提出的夺取中国特色社会主义新胜利的基本要求。这就包括在中国共产党领导下,立足基本国情,以经济建设为中心,坚持四项基本原则,坚持改革开放,解放和发展社会生产力,建设社会主义市场经济、社会主义民主政治、社会主义先进文化、社会主义和谐社会、社会主义生态文明,促进人的全面发展,逐步实现全体人民共同富裕,建设富强民主文明和谐的社会主义现代化国家;包括坚持人民代表大会制度的根本政治制度,中国共产党领导的多党合作和政治协商制度、民族区域自治制度以及基层群众自治制度等基本政治制度,中国特色社会主义法律体系,公有制为主体、多种所有制经济共同发展的基本经济制度。这些都是在新的历史条件下体现科学社会主义基本原则的内容,如果丢掉了这些,那就不成其为社会主义了。

邓小平同志曾经深刻地、总结性地指出:"我们的现代化建设,必须从中国的实际出发。无论是革命还是建设,都要注意学习和借鉴外国经验。但是,照抄照搬别国经验、别国模式,从来不能得到成功。这方面我们有过不少教训。"过去不能搞全盘苏化,现在也不能搞全盘西化或者其他什么化。冷战结束后,不少发展中国家被迫采纳了西方模式,结果党争纷起、社会动荡、人民流离失所,至今都难以稳定下来。《庄子·秋水》中写道:"且子独不闻夫寿陵余子之学行于邯郸与?未得国能,又失其故行矣,直匍匐而归耳。"我们千万不能"邯郸学步,失其故行"。我们就是把马克思主义中国化,就是搞中国特色社会主义。近年来,随着我国综合国力和国际地位上升,国际上关于"北京共识""中国模式""中国道路"等议论和研究也多了起来,其中不乏赞扬者。一些外国学者认为,中国的快速发展,导致一些西方理论正在被质疑,一种新版的马克思主义理论正在颠覆西方的传统理论。我们始终认为,各国的发展道路应由各国人民选择。所谓的"中国模式"是中国人民在自己的奋斗实践中创造的中国特色社会主义道路。我们坚信,随着中国特色社会主义不断发展,我们的制度必将越来越成熟,我国社会主义制度的优越性必将进一步显现,我们的道路必将越走越宽广,我国发展道路对世界的影响必将越来越大。我们就是要有这样的道路自信、理论自信、制度自信,真正做到"千磨万击还坚劲,任尔东西南北风"。

第二,我们党领导人民进行社会主义建设,有改革开放前和改革开放后两个历史时期,这是两个相互联系又有重大区别的时期,但本质上都是我们党领导人民进行社会主义建设的实践探索。中国特色社会主义是在改革开放历史新时期开创的,但也是在新中国已经建立起社会主义基本制度并进行了20多年建设的基础上开创的。正确认识这个问题,要把握三个方面。一是,如果没有1978年我们党果断决定实行改革开放,并坚定不移推进改革开放,坚定不移把握改革开放的正确方向,社会主义中国就不可能有今天这样的大好局面,就可能面临严重危机,就可能遇到像苏联、东欧国家那样的亡党亡国危机。同时,如果没有1949年建立新中国并进行社会主义革命和建设,积累了重要的思想、物质、制度条件,积累了正反两方面经验,改革开放也很难顺利推进。二是,虽然这两个历史时期在进行社会主义建设的思想指导、方针政策、实际工作上有很大差别,但两者决不是彼此割裂的,更不是根本对立的。我们党在社会主义建设实践中提出了许多正确主张,当时没有真正落实,改革开放后得到了真正贯彻,将来也还是要坚持和发展的。马克思早就说过:"人们自己创造自己的历史,但是他们并不是随心所欲地创造,并不是在他们自己选定的条件下创造,而是在直接碰到的、既定的、从过去承继下来的条件下创造。"三是,对改革开放前的历史时期要正确评价,不能用改革开放后的历史时期否定改革开放前的历史时期,也不能用改革开放前的历史时期否定改革开放后的历史时期。改革开放前的社会主义实践探索为改革开放后的社会主义实践探索积累了条件,改革开放后的社会主义实践探索是对前一个时期的坚持、改革、发展。对改革开放前的社会主义实践探索,要坚持实事求是的思想路线,分清主流和支流,坚持真理,修正错误,发扬经验,吸取教训,在这个基础上把党和人民事业继续推向前进。

我之所以强调这个问题,是因为这个重大政治问题处理不好,就会产生严重政治后果。古人说:"灭人之国,必先去其史。"国内外敌对势力往往就是拿中国革命史、新中国历史来做文章,竭尽攻击、丑化、污蔑之能事,根本目的就是要搞乱人心,煽动推翻中国共产党的领导和我国社会主义制度。苏联为什么解体?苏共为什么垮台?一个重要原因就是意识形态领域的斗争十分激烈,全面否定苏联历史、苏共历史,否定列宁,否定斯大林,搞历史虚无主义,思想搞乱了,各级党组织几乎没任何作用了,军队都不在党的领导之下了。最后,苏联共产党偌大一个党就作鸟兽散了,苏联偌大一个社会主义国家就分崩离析了。这是前车之鉴啊!邓小平同志指出:"毛泽东思想这个旗帜丢不得。丢掉了这个旗帜,实际上就否定了我们党的光辉历史。总的来说,我们党的历史还是光辉的历史。虽然我们党在历史上,包括建国以后的30年中,犯过一些大错误,甚至犯过搞'文化大革命'这样的大错误,但是我们党终究把革命搞成功了。中国在世界上的地位,是在中华人民共和国成立以后才大大提高的。只有中华人民共和国的成立,才使我们这个人口占世界总人口近1/4的大国,在世界上站起来,而且站住了。"他还强调:"对毛泽东同志的评价,对毛泽东思想的阐述,不是仅仅涉及毛泽东同志个人的问题,这同我们党、我们国家的整个历史是分不开的。要看到这个全局。""这不只是个理论问题,尤其是个政治问题,是国际国内的很大的政治问题。"这就是一个伟大马克思主义政治家的眼界和胸怀。试想一下,如果当时全盘否定了毛泽东同志,那我们党还能站得住吗?我们国家的社会主义制度还能站得住吗?那就站不住了,站不住就会天下大乱。所以,正确处理改革开放前后的社会主义实践探索的关系,不只是一个历史问题,更主要的是一个政治问题。建议大家把《关于建国以来党的若干历史问题的决议》找出来再看看。

第三,马克思主义必定随着时代、实践和科学的发展而不断发展,不可能一成不变,社会主义从来都是在开拓中前进的。坚持和发展中国特色社会主义是一篇大文章,邓小平同志为它确定了基本思路和基本原则,以江泽民同志为核心的党的第三代中央领导集体、以胡锦涛同志为总书记的党中央在这篇大文章上都写下了精彩的篇章。现在,我们这一代共产党人的任务,就是继续把这篇大文章写下去。30多年来,中国特色社会主义取得了巨大成就,加之新中国成立以后打下的基础,这是它得以站得住、行得远的重要基础。我们对社会主义的认识,对中国特色社会主义规律的把握,已经达到了一个前所未有的新的高度,这一点不容置疑。同时,也要看到，我国社会主义还处在初级阶段，我们还面临很多没有弄清楚的问题和待解的难题，对许多重大问题的认识和处理都还处在不断深化的过程之中，这一点也不容置疑。对事物的认识是需要一个过程的，而对社会主义这个我们只搞了几十年的东西，我们的认识和把握也还是非常有限的，还需要在实践中不断深化和发展。

坚持马克思主义，坚持社会主义，一定要有发展的观点，一定要以我国改革开放和现代化建设的实际问题、以我们正在做的事情为中心，着眼于马克思主义理论的运用，着眼于对实际问题的理论思考，着眼于新的实践和新的发展。我们说过，世界上没有放之四海而皆准的发展道路和发展模式，也没有一成不变的发展道路和发展模式。我们过去取得的实践和理论成果，能够帮助我们更好面对和解决前进中的问题，但不能成为我们骄傲自满的理由，更不能成为我们继续前进的包袱。我们的事业越前进、越发展，新情况新问题就会越多，面临的风险和挑战就会越多，面对的不可预料的事情就会越多。我们必须增强忧患意识，做到居安思危。解放思想、实事求是、与时俱进，是马克思主义活的灵魂，是我们适应新形势、认识新事物、完成新任务的根本思想武器。全党同志首先是各级领导干部必须坚持马克思主义的发展观点，坚持实践是检验真理的唯一标准，发挥历史的主动性和创造性，清醒认识世情、国情、党情的变和不变，永远要有逢山开路、遇河架桥的精神，锐意进取，大胆探索，敢于和善于分析回答现实生活中和群众思想上迫切需要解决的问题，不断深化改革开放，不断有所发现、有所创造、有所前进，不断推进理论创新、实践创新、制度创新。

第四，我们党始终坚持共产主义远大理想，共产党员特别是党员领导干部要做共产主义远大理想和中国特色社会主义共同理想的坚定信仰者和忠实践行者。对马克思主义的信仰，对社会主义和共产主义的信念，是共产党人的政治灵魂，是共产党人经受住任何考验的精神支柱。党章明确规定，党的最高理想和最终目标是实现共产主义。党章同时明确规定，中国共产党人追求的共产主义最高理想，只有在社会主义社会充分发展和高度发达的基础上才能实现。想一下子、两下子就进入共产主义，那是不切实际的。邓小平同志说，巩固和发展社会主义制度，还需要一个很长的历史阶段，需要我们几代人、十几代人，甚至几十代人坚持不懈地努力奋斗。几十代人，那是多么长啊！从孔老夫子到现在也不过七十几代人。这样看问题，充分说明了我们中国共产党人政治上的清醒。必须认识到，我们现在的努力以及将来多少代人的持续努力，都是朝着最终实现共产主义这个大目标前进的。同时，必须认识到，实现共产主义是一个非常漫长的历史过程，我们必须立足党在现阶段的奋斗目标，脚踏实地推进我们的事业。如果丢失了我们共产党人的远大目标，就会迷失方向，变成功利主义、实用主义。中国特色社会主义是党的最高纲领和基本纲领的统一。中国特色社会主义的基本纲领，概言之，就是建立富强民主文明和谐的社会主义现代化国家。这既是从我国正处于并将长期处于社会主义初级阶段的基本国情出发的,也没有脱离党的最高理想。我们既要坚定走中国特色社会主义道路的信念,也要胸怀共产主义的崇高理想,矢志不移贯彻执行党在社会主义初级阶段的基本路线和基本纲领,做好当前每一项工作。

革命理想高于天。没有远大理想,不是合格的共产党员;离开现实工作而空谈远大理想,也不是合格的共产党员。在我们党90多年的历史中,一代又一代共产党人为了追求民族独立和人民解放,不惜流血牺牲,靠的就是一种信仰,为的就是一个理想。尽管他们也知道,自己追求的理想并不会在自己手中实现,但他们坚信,只要一代又一代人为之持续努力,一代又一代人为此作出牺牲,崇高的理想就一定能实现,正所谓"砍头不要紧,只要主义真"。今天,衡量一名共产党员、一名领导干部是否具有共产主义远大理想,是有客观标准的,那就要看他能否坚持全心全意为人民服务的根本宗旨,能否吃苦在前、享受在后,能否勤奋工作、廉洁奉公,能否为理想而奋不顾身去拼搏、去奋斗、去献出自己的全部精力乃至生命。一切迷惘迟疑的观点,一切及时行乐的思想,一切贪图私利的行为,一切无所作为的作风,都是与此格格不入的。一些人认为共产主义是可望而不可及的,甚至认为是望都望不到、看都看不见的,是虚无缥缈的。这就涉及是唯物史观还是唯心史观的世界观问题。我们一些同志之所以理想渺茫、信仰动摇,根本的就是历史唯物主义观点不牢固。要教育引导广大党员、干部把践行中国特色社会主义共同理想和坚定共产主义远大理想统一起来,做到虔诚而执着、至信而深厚。有了坚定的理想信念,站位就高了,眼界就宽了,心胸就开阔了,就能坚持正确政治方向,在胜利和顺境时不骄傲不急躁,在困难和逆境时不消沉不动摇,经受住各种风险和困难考验,自觉抵御各种腐朽思想的侵蚀,永葆共产党人政治本色。

事实一再告诉我们,马克思、恩格斯关于资本主义社会基本矛盾的分析没有过时,关于资本主义必然消亡、社会主义必然胜利的历史唯物主义观点也没有过时。这是社会历史发展不可逆转的总趋势,但道路是曲折的。资本主义最终消亡、社会主义最终胜利,必然是一个很长的历史过程。我们要深刻认识资本主义社会的自我调节能力,充分估计到西方发达国家在经济科技军事方面长期占据优势的客观现实,认真做好两种社会制度长期合作和斗争的各方面准备。在相当长时期内,初级阶段的社会主义还必须同生产力更发达的资本主义长期合作和斗争,还必须认真学习和借鉴资本主义创造的有益文明成果,甚至必须面对被人们用西方发达国家的长处来比较我国社会主义发展中的不足并加以指责的现实。我们必须有很强大的战略定力,坚决抵制抛弃社会主义的各种错误主张,自觉纠正超越阶段的错误观念。最重要的,还是要集中精力办好自己的事情,不断壮大我们的综合国力,不断改善我们人民的生活,不断建设对资本主义具有优越性的社会主义,不断为我们赢得主动、赢得优势、赢得未来打下更加坚实的基础。

通过以上分析,我们可以更加深刻地认识到,道路问题是关系党的事业兴衰成败第一位的问题,道路就是党的生命。毛泽东同志指出:"革命党是群众的向导,在革命中未有革命党领错了路而革命不失败的。"我们党在革命、建设、改革各个历史时期，坚持从我国国情出发，探索并形成了符合中国实际的新民主主义革命道路、社会主义改造和社会主义建设道路、中国特色社会主义道路，这种独立自主的探索精神，这种坚持走自己路的坚定决心，是我们党不断从挫折中觉醒、不断从胜利走向胜利的真谛。鲁迅先生有句名言：其实地上本没有路，走的人多了，也便成了路。中国特色社会主义，是科学社会主义理论逻辑和中国社会发展历史逻辑的辩证统一，是根植于中国大地、反映中国人民意愿、适应中国和时代发展进步要求的科学社会主义，是全面建成小康社会、加快推进社会主义现代化、实现中华民族伟大复兴的必由之路。只要我们坚持独立自主走自己的路，毫不动摇坚持和发展中国特色社会主义，我们就一定能在中国共产党成立100年时全面建成小康社会，就一定能在新中国成立100年时建成富强民主文明和谐的社会主义现代化国家。

（这是习近平总书记2013年1月5日在新进中央委员会的委员、候补委员学习贯彻党的十八大精神研讨班上讲话的一部分。）

（资料来源：习近平.关于坚持和发展中国特色社会主义的几个问题.(2019-03-31)[2019-05-26].http://www.xinhuanet.com/politics/2019-03/31/c_1124307481.htm.）

四、追梦新时代，奋斗新征程

党的十八大以来，在以习近平同志为核心的党中央坚强领导下，党和国家事业发生历史性变革、取得历史性成就，中国特色社会主义进入了新时代。

（一）中国特色社会主义进入新时代

党的十九大报告明确指出："经过长期努力，中国特色社会主义进入了新时代，这是我国发展新的历史方位。"在新时代，以习近平同志为核心的党中央以巨大的政治勇气和强烈的责任担当，提出一系列新理念新思想新战略，出台一系列重大方针政策，推出一系列重大举措，推进一系列重大工作，解决了许多长期想解决而没有解决的难题，办成了许多过去想办而没有办成的大事，推动党和国家事业发生历史性变革。这些历史性变革，对党和国家事业发展具有重大而深远的影响，也使社会主义在中国进一步焕发出强大生机活力。

首先，进入新时代，我国发展站到了新的历史起点上。2018年，我国经济总量突破90万亿元，稳居世界第二；进出口总额突破30万亿元，位居世界第一。中国经济发展成就举世瞩目，对世界经济增长的贡献有目共睹。新时代，我国能取得如此巨大的发展成就，是以习近平同志为核心的党中央坚强领导的结果。党的十八大以来，以习近平同志为核心的党中央科学把握当今世界和当代中国的发展大势，顺应实践要求和人民愿望，把进行伟大斗争、建设伟大工程、推进伟大事业、实现伟大梦想有机统一起来，全面加强党的领导和党的建设，全面推进中国特色社会主义事业，使党和国家面貌焕然一新。

其次，进入新时代，我国社会主要矛盾已经发生转化。中国特色社会主义进入新时代，我国社会主要矛盾已经转化为人民日益增长的美好生活需要和不平衡不充分的发展之间的矛盾。经过长期发展,我国社会生产力水平和社会生产能力都有了很大提高,长期存在的短缺经济和供给不足状况已发生根本性转变,人民群众的需要已超出物质文化的范畴和层次。人民日益增长的美好生活需要和不平衡不充分的发展之间的矛盾,反映了我国社会发展的新变化,也对整个国家和社会发展提出许多新的更高的要求。

再次,进入新时代,国际形势发生了新变化。随着经济实力和综合国力不断提升,中国日益走近世界舞台中央,在很多问题上有了更多国际话语权,同世界各国的交融、互动显著增强。比如,截至2019年3月底,我国已同125个国家和29个国际组织签署173份"一带一路"合作文件,"一带一路"日益成为造福各国人民的重要国际公共产品。中国发展有了更多机遇和有利条件,但也面临更加复杂多变的外部环境,面临越来越多的竞争和挑战,需要在党中央的坚强领导下妥善应对。

最后,进入新时代,我们比历史上任何时期都更加接近中华民族伟大复兴的目标。社会主义事业是在承前启后中向前推进的,中华民族伟大复兴的梦想只有在接续奋斗中才能实现。党的十九大提出,在全面建成小康社会的基础上,分两步走在本世纪中叶建成富强民主文明和谐美丽的社会主义现代化强国,对新时代中国特色社会主义发展作出新的战略安排。再有30年,经过党和人民的团结奋斗,中国将成为一个社会主义现代化强国,中华民族伟大复兴的梦想将一步步变为现实。

(二)新时代中国特色社会主义思想和基本方略[①]

十八大以来,国内外形势变化和我国各项事业发展都给我们提出了一个重大时代课题,这就是必须从理论和实践结合上系统回答新时代坚持和发展什么样的中国特色社会主义、怎样坚持和发展中国特色社会主义,包括新时代坚持和发展中国特色社会主义的总目标、总任务、总体布局、战略布局和发展方向、发展方式、发展动力、战略步骤、外部条件、政治保证等基本问题,并且要根据新的实践对经济、政治、法治、科技、文化、教育、民生、民族、宗教、社会、生态文明、国家安全、国防和军队、"一国两制"和祖国统一、统一战线、外交、党的建设等各方面作出理论分析和政策指导,以利于更好坚持和发展中国特色社会主义。

围绕这个重大时代课题,我们党坚持以马克思列宁主义、毛泽东思想、邓小平理论、"三个代表"重要思想、科学发展观为指导,坚持解放思想、实事求是、与时俱进、求真务实,坚持辩证唯物主义和历史唯物主义,紧密结合新的时代条件和实践要求,以全新的视野深化对共产党执政规律、社会主义建设规律、人类社会发展规律的认识,进行艰辛理论探索,取得重大理论创新成果,形成了新时代中国特色社会主义思想。

新时代中国特色社会主义思想,明确坚持和发展中国特色社会主义,总任务是实现社会主义现代化和中华民族伟大复兴,在全面建成小康社会的基础上,分两步走在本世纪中叶建成富强民主文明和谐美丽的社会主义现代化强国;明确新时代我国社会主要矛盾是人民日

[①]本部分内容摘录自:习近平.决胜全面建成小康社会 夺取新时代中国特色社会主义伟大胜利:在中国共产党第十九次全国代表大会上的报告.(2017-10-27)[2019-05-26].http://www.xinhuanet.com/2017/10/27/c_1121867529.htm.

益增长的美好生活需要和不平衡不充分的发展之间的矛盾,必须坚持以人民为中心的发展思想,不断促进人的全面发展、全体人民共同富裕;明确中国特色社会主义事业总体布局是"五位一体"、战略布局是"四个全面",强调坚定道路自信、理论自信、制度自信、文化自信;明确全面深化改革总目标是完善和发展中国特色社会主义制度、推进国家治理体系和治理能力现代化;明确全面推进依法治国总目标是建设中国特色社会主义法治体系、建设社会主义法治国家;明确党在新时代的强军目标是建设一支听党指挥、能打胜仗、作风优良的人民军队,把人民军队建设成为世界一流军队;明确中国特色大国外交要推动构建新型国际关系,推动构建人类命运共同体;明确中国特色社会主义最本质的特征是中国共产党领导,中国特色社会主义制度的最大优势是中国共产党领导,党是最高政治领导力量,提出新时代党的建设总要求,突出政治建设在党的建设中的重要地位。

新时代中国特色社会主义思想,是对马克思列宁主义、毛泽东思想、邓小平理论、"三个代表"重要思想、科学发展观的继承和发展,是马克思主义中国化最新成果,是党和人民实践经验和集体智慧的结晶,是中国特色社会主义理论体系的重要组成部分,是全党全国人民为实现中华民族伟大复兴而奋斗的行动指南,必须长期坚持并不断发展。

全党要深刻领会新时代中国特色社会主义思想的精神实质和丰富内涵,在各项工作中全面准确贯彻落实。

(1)坚持党对一切工作的领导。党政军民学,东西南北中,党是领导一切的。必须增强政治意识、大局意识、核心意识、看齐意识,自觉维护党中央权威和集中统一领导,自觉在思想上政治上行动上同党中央保持高度一致,完善坚持党的领导的体制机制,坚持稳中求进工作总基调,统筹推进"五位一体"总体布局,协调推进"四个全面"战略布局,提高党把方向、谋大局、定政策、促改革的能力和定力,确保党始终总揽全局、协调各方。

(2)坚持以人民为中心。人民是历史的创造者,是决定党和国家前途命运的根本力量。必须坚持人民主体地位,坚持立党为公、执政为民,践行全心全意为人民服务的根本宗旨,把党的群众路线贯彻到治国理政全部活动之中,把人民对美好生活的向往作为奋斗目标,依靠人民创造历史伟业。

(3)坚持全面深化改革。只有社会主义才能救中国,只有改革开放才能发展中国、发展社会主义、发展马克思主义。必须坚持和完善中国特色社会主义制度,不断推进国家治理体系和治理能力现代化,坚决破除一切不合时宜的思想观念和体制机制弊端,突破利益固化的藩篱,吸收人类文明有益成果,构建系统完备、科学规范、运行有效的制度体系,充分发挥我国社会主义制度优越性。

(4)坚持新发展理念。发展是解决我国一切问题的基础和关键,发展必须是科学发展,必须坚定不移贯彻创新、协调、绿色、开放、共享的发展理念。必须坚持和完善我国社会主义基本经济制度和分配制度,毫不动摇巩固和发展公有制经济,毫不动摇鼓励、支持、引导非公有制经济发展,使市场在资源配置中起决定性作用,更好发挥政府作用,推动新型工业化、信息化、城镇化、农业现代化同步发展,主动参与和推动经济全球化进程,发展更高层次的开放型经济,不断壮大我国经济实力和综合国力。

(5)坚持人民当家作主。坚持党的领导、人民当家作主、依法治国有机统一是社会主义政治发展的必然要求。必须坚持中国特色社会主义政治发展道路,坚持和完善人民代表大会制度、中国共产党领导的多党合作和政治协商制度、民族区域自治制度、基层群众自治制度,巩固和发展最广泛的爱国统一战线,发展社会主义协商民主,健全民主制度,丰富民主形式,拓宽民主渠道,保证人民当家作主落实到国家政治生活和社会生活之中。

(6)坚持全面依法治国。全面依法治国是中国特色社会主义的本质要求和重要保障。必须把党的领导贯彻落实到依法治国全过程和各方面,坚定不移走中国特色社会主义法治道路,完善以宪法为核心的中国特色社会主义法律体系,建设中国特色社会主义法治体系,建设社会主义法治国家,发展中国特色社会主义法治理论,坚持依法治国、依法执政、依法行政共同推进,坚持法治国家、法治政府、法治社会一体建设,坚持依法治国和以德治国相结合,依法治国和依规治党有机统一,深化司法体制改革,提高全民族法治素养和道德素质。

(7)坚持社会主义核心价值体系。文化自信是一个国家、一个民族发展中更基本、更深沉、更持久的力量。必须坚持马克思主义,牢固树立共产主义远大理想和中国特色社会主义共同理想,培育和践行社会主义核心价值观,不断增强意识形态领域主导权和话语权,推动中华优秀传统文化创造性转化、创新性发展,继承革命文化,发展社会主义先进文化,不忘本来、吸收外来、面向未来,更好构筑中国精神、中国价值、中国力量,为人民提供精神指引。

(8)坚持在发展中保障和改善民生。增进民生福祉是发展的根本目的。必须多谋民生之利、多解民生之忧,在发展中补齐民生短板、促进社会公平正义,在幼有所育、学有所教、劳有所得、病有所医、老有所养、住有所居、弱有所扶上不断取得新进展,深入开展脱贫攻坚,保证全体人民在共建共享发展中有更多获得感,不断促进人的全面发展、全体人民共同富裕。建设平安中国,加强和创新社会治理,维护社会和谐稳定,确保国家长治久安、人民安居乐业。

(9)坚持人与自然和谐共生。建设生态文明是中华民族永续发展的千年大计。必须树立和践行绿水青山就是金山银山的理念,坚持节约资源和保护环境的基本国策,像对待生命一样对待生态环境,统筹山水林田湖草系统治理,实行最严格的生态环境保护制度,形成绿色发展方式和生活方式,坚定走生产发展、生活富裕、生态良好的文明发展道路,建设美丽中国,为人民创造良好生产生活环境,为全球生态安全作出贡献。

(10)坚持总体国家安全观。统筹发展和安全,增强忧患意识,做到居安思危,是我们党治国理政的一个重大原则。必须坚持国家利益至上,以人民安全为宗旨,以政治安全为根本,统筹外部安全和内部安全、国土安全和国民安全、传统安全和非传统安全、自身安全和共同安全,完善国家安全制度体系,加强国家安全能力建设,坚决维护国家主权、安全、发展利益。

(11)坚持党对人民军队的绝对领导。建设一支听党指挥、能打胜仗、作风优良的人民军队,是实现"两个一百年"奋斗目标、实现中华民族伟大复兴的战略支撑。必须全面贯彻党领导人民军队的一系列根本原则和制度,确立新时代党的强军思想在国防和军队建设中的指导地位,坚持政治建军、改革强军、科技兴军、依法治军,更加注重聚焦实战,更加注重创新驱动,更加注重体系建设,更加注重集约高效,更加注重军民融合,实现党在新时代的强军目标。

(12)坚持"一国两制"和推进祖国统一。保持香港、澳门长期繁荣稳定,实现祖国完全统一,是实现中华民族伟大复兴的必然要求。必须把维护中央对香港、澳门特别行政区全面管治权和保障特别行政区高度自治权有机结合起来,确保"一国两制"方针不会变、不动摇,确保"一国两制"实践不变形、不走样。必须坚持一个中国原则,坚持"九二共识",推动两岸关系和平发展,深化两岸经济合作和文化往来,推动两岸同胞共同反对一切分裂国家的活动,共同为实现中华民族伟大复兴而奋斗。

(13)坚持推动构建人类命运共同体。中国人民的梦想同各国人民的梦想息息相通,实现中国梦离不开和平的国际环境和稳定的国际秩序。必须统筹国内国际两个大局,始终不渝走和平发展道路、奉行互利共赢的开放战略,坚持正确义利观,树立共同、综合、合作、可持续的新安全观,谋求开放创新、包容互惠的发展前景,促进和而不同、兼收并蓄的文明交流,构筑尊崇自然、绿色发展的生态体系,始终做世界和平的建设者、全球发展的贡献者、国际秩序的维护者。

(14)坚持全面从严治党。勇于自我革命,从严管党治党,是我们党最鲜明的品格。必须以党章为根本遵循,把党的政治建设摆在首位,思想建党和制度治党同向发力,统筹推进党的各项建设,抓住"关键少数",坚持"三严三实",坚持民主集中制,严肃党内政治生活,严明党的纪律,强化党内监督,发展积极健康的党内政治文化,全面净化党内政治生态,坚决纠正各种不正之风,以零容忍态度惩治腐败,不断增强党自我净化、自我完善、自我革新、自我提高的能力,始终保持党同人民群众的血肉联系。

(三)决胜全面建成小康社会,开启全面建设社会主义现代化国家新征程①

改革开放之后,我们党对我国社会主义现代化建设作出战略安排,提出"三步走"战略目标。解决人民温饱问题、人民生活总体上达到小康水平这两个目标已提前实现。在这个基础上,我们党提出,到建党一百年时建成经济更加发展、民主更加健全、科教更加进步、文化更加繁荣、社会更加和谐、人民生活更加殷实的小康社会,然后再奋斗三十年,到新中国成立一百年时,基本实现现代化,把我国建成社会主义现代化国家。

从现在到二〇二〇年,是全面建成小康社会决胜期。要按照十六大、十七大、十八大提出的全面建成小康社会各项要求,紧扣我国社会主要矛盾变化,统筹推进经济建设、政治建设、文化建设、社会建设、生态文明建设,坚定实施科教兴国战略、人才强国战略、创新驱动发展战略、乡村振兴战略、区域协调发展战略、可持续发展战略、军民融合发展战略,突出抓重点、补短板、强弱项,特别是要坚决打好防范化解重大风险、精准脱贫、污染防治的攻坚战,使全面建成小康社会得到人民认可、经得起历史检验。

从十九大到二十大,是"两个一百年"奋斗目标的历史交汇期。我们既要全面建成小康社会、实现第一个百年奋斗目标,又要乘势而上开启全面建设社会主义现代化国家新征程,向第二个百年奋斗目标进军。

综合分析国际国内形势和我国发展条件,从二〇二〇年到本世纪中叶可以分两个阶段来安排。

---

① 本部分内容摘录自:习近平.决胜全面建成小康社会 夺取新时代中国特色社会主义伟大胜利:在中国共产党第十九次全国代表大会上的报告.(2017-10-27)[2019-05-26].http://www.xinhuanet.com/2017-10/27/c_1121867529.htm.

第一个阶段，从二〇二〇年到二〇三五年，在全面建成小康社会的基础上，再奋斗十五年，基本实现社会主义现代化。到那时，我国经济实力、科技实力将大幅跃升，跻身创新型国家前列；人民平等参与、平等发展权利得到充分保障，法治国家、法治政府、法治社会基本建成，各方面制度更加完善，国家治理体系和治理能力现代化基本实现；社会文明程度达到新的高度，国家文化软实力显著增强，中华文化影响更加广泛深入；人民生活更为宽裕，中等收入群体比例明显提高，城乡区域发展差距和居民生活水平差距显著缩小，基本公共服务均等化基本实现，全体人民共同富裕迈出坚实步伐；现代社会治理格局基本形成，社会充满活力又和谐有序；生态环境根本好转，美丽中国目标基本实现。

第二个阶段，从二〇三五年到本世纪中叶，在基本实现现代化的基础上，再奋斗十五年，把我国建成富强民主文明和谐美丽的社会主义现代化强国。到那时，我国物质文明、政治文明、精神文明、社会文明、生态文明将全面提升，实现国家治理体系和治理能力现代化，成为综合国力和国际影响力领先的国家，全体人民共同富裕基本实现，我国人民将享有更加幸福安康的生活，中华民族将以更加昂扬的姿态屹立于世界民族之林。

正如习近平同志所说："建成社会主义现代化强国，实现中华民族伟大复兴，是一场接力跑，我们要一棒接着一棒跑下去，每一代人都要为下一代人跑出一个好成绩。全党全国各族人民要更加紧密地团结在党中央周围，高举中国特色社会主义伟大旗帜，不忘初心，牢记使命，将改革开放进行到底，不断实现人民对美好生活的向往，在新时代创造中华民族新的更大奇迹！创造让世界刮目相看的新的更大奇迹！"①

1.新中国的成立，对于中华民族和中国人民来说有何伟大的历史意义？

2.请结合爷爷辈、父辈和自己的生活变化，谈谈新中国成立以来所取得的伟大成就。

3.新中国成立70年来的历程带给我们什么样的宝贵经验和历史启示？

4.作为新时代的中国青年，我们应该如何在实现中华民族伟大复兴的中国梦的征程中贡献自己的力量？

参考文献

[1] 钱其琛.毛泽东在开创新中国外交和国际战略思想上的伟大贡献.[2019-05-26].http://www.people.com.cn/GB/shizheng/8198/30446/30451/2210853.html.

[2] 高翔.不断创造伟大奇迹的光辉历程.人民日报,2019-04-02(9)[2019-05-22].http://paper.people.com.cn/rmrb/html/2019-04/02/nw.D110000renmrb_20190402_1-09.htm.

---

① 习近平.在庆祝改革开放40周年大会上的讲话.人民日报(海外版),2018-12-19(3)[2019-05-26]. http://paper.people.com.cn/rmrbhwb/html/2018-12/19/content_1899631.htm.

[3] 中国社会科学院中国特色社会主义理论体系研究中心.中国特色社会主义是改革开放以来党的全部理论和实践的主题.(2017-08-31)[2019-05-23].http://www.qstheory.cn/dukan/qs/2017-08/31/c_1121561836.htm.

[4] 中央党校(国家行政学院)习近平新时代中国特色社会主义思想研究中心.中华民族伟大复兴展现出无比光明的前景.人民日报,2019-04-18(9)[2019-05-23].http://paper.people.com.cn/rmrb/html/2019-04/18/nw.D110000renmrb_20190418_1-09.htm.

[5] 曲青山.人民共和国69年的光辉历程和历史启示.(2018-09-30)[2019-05-26].http://www.qstheory.cn/dukan/qs/2018-09/30/c_1123498339.htm.

[6] 习近平.决胜全面建成小康社会 夺取新时代中国特色社会主义伟大胜利:在中国共产党第十九次全国代表大会上的报告.(2017-10-27)[2019-05-26].http://www.xinhuanet.com/2017-10/27/c_1121867529.htm.

[7] 习近平.在庆祝改革开放40周年大会上的讲话.人民日报(海外版),2018-12-19(3)[2019-05-26].http://paper.people.com.cn/rmrbhwb/html/2018-12/19/content_1899631.htm.

[8] 习近平.关于坚持和发展中国特色社会主义的几个问题.(2019-03-31)[2019-05-26].http://www.xinhuanet.com/politics/2019-03/31/c_1124307481.htm.

第二讲 传承五四精神 勇担时代重任

一、学习五四历史,把握精神实质
二、弘扬五四精神,传承爱国情怀
三、践行爱国初心,争做时代先锋

2019年4月19日,习近平总书记在主持中共中央政治局第十四次集体学习时强调,要加强对五四运动和五四精神的研究。五四运动是20世纪影响中国前途命运的具有里程碑意义的重大历史事件,这是一场伟大的爱国革命运动、社会革命运动、思想启蒙运动和新文化运动,孕育了以"爱国、进步、民主、科学"为主要内容的五四精神,开启了中国新民主主义革命新阶段。新时代,五四精神是凝聚建设中国特色社会主义事业和实现中华民族伟大复兴的磅礴伟力,激发改革创新的动力源泉,指引社会主义民主政治发展前进的明亮灯塔,是制胜建设社会主义现代化强国的时代法宝。新时代之中国青年,要赓续五四精神的光荣传统,把爱国之情化为爱国之行,勇做走在时代前列的奋进者、开拓者、奉献者,积极投身中国特色社会主义事业,为实现民族伟大复兴贡献自己的力量。①

一、学习五四历史,把握精神实质

(一)五四运动的历史回顾

如果说20世纪的中国,谋求国家独立和民族复兴是中国人民奋斗的历史主线,那1919年爆发的五四运动无疑就是这条主线上具有鲜明标识的伟大划时代起点。作为中国首次真正意义上的群众性爱国革命运动,五四运动举起了救亡强国的伟大旗帜,凝聚了民族力量,传播了新思想新文化新知识,在中华民族追求国家独立和发展进步的历史进程中产生了深远的影响。

1.五四运动爆发的原因及成果

五四运动爆发的直接导火索是巴黎和会上中国外交的失败。1919年初,第一次世界大

---

① 杨世伟.五四精神的时代价值与传承弘扬.重庆理工大学学报(社会科学),2019(5):141-149.

战结束后,为了处置战败的德国并重新瓜分利益,战胜国在巴黎召开所谓的"和平会议",史称"巴黎和会"。中国作为协约国成员,以战胜国身份参加了会议。中国代表在巴黎和会上提出废除帝国主义在华的一切特权、收回德国在山东的特权和取消日本强加的"二十一条"等正义要求,却遭到了列强的拒绝,而且列强将德国在山东攫取的权利全部转让给日本。巴黎和会上北洋政府的外交失败,直接引发了中国各阶层民众的极大愤慨,压抑在中国人民心中的爱国情感终于大爆发。5月4日下午,以北京大学为代表的北京十几所学校3000多名青年学生聚集天安门广场举行集会演讲、游行示威活动,要求"外争主权,内除国贼"。游行队伍来到曹汝霖的住宅赵家楼,痛打了正在曹家的驻日公使章宗祥,并放火烧了曹宅。北洋政府派了大批军警进行镇压,逮捕了30多名学生。这就是震惊中外的五四运动。

五四运动期间,青年学生提出了明确的政治宣言,如"还我青岛""收回山东权利""废除'二十一条'""外争主权,内除国贼""拒绝和约签字"等,并在运动中发出了振聋发聩的时代誓言:"中国的土地可以征服而不可以断送!中国的人民可以杀戮而不可以低头!国亡了!同胞起来呀!"这唤起了更多的中国人关心国家和民族的意识。为了积极声援和支持北京青年大学生首先发起的这场爱国运动,全国各地陆续爆发了大规模的工人罢工、商人罢市、学生罢课,给反动当局造成极大的压力。北洋政府迫于人民群众运动形势,于6月5日被迫释放了在运动中被捕的800余名学生,于6月10日罢免了亲日派曹汝霖、章宗祥、陆宗舆的职务。6月28日,中国外交代表拒绝在和约上签字。卖国贼被罢黜,和约被拒签,这场反帝爱国运动取得了初步的胜利。

2.五四运动的重大历史意义

五四运动表现出了彻底的反帝反封建的革命性和追求救国真理的进步性,在全国范围内得到了各族各界群众的广泛响应,唤起了中华民族全面的新的觉醒,推动了中国社会的进步。中国人民在五四运动中表现出来的爱国热情和顽强斗争精神,充分展示了中华民族维护民族尊严、捍卫领土主权的坚强决心。五四运动促进了马克思主义在中国的广泛传播,先进的马克思主义开始了与中国工人运动的结合,有力地推动了中国无产阶级登上政治舞台,为中国共产党的成立在思想上和干部上做了准备。总而言之,五四运动是"中国旧民主主义革命走向新民主主义革命的转折点,在近代以来中华民族追求民族独立和发展进步的历史进程中具有里程碑意义"①。五四运动以来,尤其是1921年中国共产党成立后,一代代中国人在中国共产党的领导下,在为民族独立、人民解放、中华振兴的艰辛探索和不懈奋斗中谱写了一曲又一曲浩气长存的时代壮歌。

爱国主义是五四精神最重要的核心,目的指向是实现中华民族的伟大复兴。在中国共产党的领导下,广大爱国青年弘扬五四精神,为实现国家从站起来、富起来到强起来的飞跃而努力奋斗。今天,我们比以往任何时候都更接近、更有信心和能力实现民族复兴的目标。总结历史,展望未来,实现民族复兴仍需付出更为艰巨、更为艰苦的努力,仍需大力传承和弘扬五四精神。

---

①习近平.在纪念五四运动100周年大会上的讲话.(2019-04-30)[2019-05-20].http://www.xinhuanet.com/politics/leaders/2019-04/30/c_1124440193.htm.

五四运动是民族复兴的重要历史起点。五四运动唤起了救亡图存、民族复兴的人心凝聚。爱国主义是人民群众千百年来在世世代代的实践中形成和提炼出的对国家、民族的高度的归属感、责任感和使命感。五四运动是一场近代以来具有特殊意义的大规模爱国运动。巴黎和会上中国外交的失败，激起了地不分南北、人不分男女的爱国热情和救国行动。在辛亥革命、新文化运动和俄国十月革命的影响下，五四运动唤醒了全体人民对国家和民族命运的关注，从学生罢课迅速蔓延至工人罢工、商人罢市，对运动走向起了关键性作用，使救亡图存、民族复兴成为所有人的共同行动，而非只是个别人、个别团队组织、个别阶层阶级的行为。从这种意义说，五四运动是近代以来第一次人民群众大规模主动参与的彻底反帝反封的爱国主义运动。

五四运动找到了救亡图存、民族复兴的思想武器。五四运动是一场伟大的思想解放运动。五四运动使人们大开眼界，各种新思潮涌入中国，各种新事物传入中国，在提供救亡图存道路选择的同时，也逐步营造了思想解放和开拓创新的重要氛围。五四运动是一场政治运动，也是一场文化运动，使人们深刻认识到民主和科学是救亡图存、民族复兴的重要前提。不打破封建专制，就不能扫除蒙昧、发展民主；不兴起科学，就无法破除迷信、告别贫穷落后。五四运动高举民主和科学旗帜，提出为民主和科学而战斗的口号，使中国人民接受了一次空前的现代化思想洗礼，鼓励人们敢于摆脱封建主义的羁绊，掀起了追求真理、学习科学的热潮，为马克思主义传入中国、扎根中国做好了重要铺垫。

五四运动开启了救亡图存、民族复兴的全新道路。鸦片战争之后的中国逐步沦为半殖民地半封建社会。许多爱国的仁人志士奋起抗争，探求救国之路。五四运动前的几十年里，农民阶级领导的太平天国运动、地主阶级兴起的洋务运动、资产阶级改良派发动的维新运动、资产阶级革命派领导的辛亥革命等，都以失败告终，社会危机不减反重，人们更加陷入迷茫。五四运动开启了中国工人阶级走上历史舞台的进程，催生了中国共产党，找到了马克思主义思想和社会主义道路，使救亡图存、民族复兴有了主心骨和科学思想指导，使中国革命发生了走向新民主主义革命的根本转变。此后，在中国共产党的领导下，中国勇人民走出了一条中国特色革命道路，也为救亡图存、民族复兴找到了一条科学正确的全新道路。

（二）五四运动的精神实质

100年前爆发的五四运动，是以一批先进青年知识分子为先锋、广大人民群众参加的彻底反帝反封建的伟大爱国革命运动，也是一场伟大的思想解放运动和新文化运动。这场运动成为中国旧民主主义革命走向新民主主义革命的转折点，是中华民族伟大复兴事业的起点。

1.五四精神既是促进中国社会发展和进步的历史精华和时代新潮的结晶，也是中华文明传承发展、生生不息的生动写照

五四运动通过人民群众反对帝国主义欺侮和封建军阀卖国行径的斗争，掀起了工人阶级、小资产阶级、民族资产阶级和其他爱国人士广泛参加的全国性群众斗争，是一场民族自新与自救的爱国运动和文化运动，是中国人民以往斗争的继续和新的发展。五四运动鲜明地贯穿着彻底的不妥协的反帝反封建的爱国主题，孕育了爱国、进步、民主、科学的伟大精

神。这个五四精神实质是中华民族优良传统和变革时代异域新潮的有机结合。爱国和进步是物质层面的展示,民主和科学是精神层面的体现,两个方面构成了物质与精神的辩证统一关系,浑然一体,互相依存,相辅相成。五四精神是中华民族百折不挠、自强不息的民族精神和品格的生动写照,是时代新思潮鼓荡的结果。这个五四精神既是促进中国社会发展和进步的历史精华和时代新潮的结晶,也是中华文明传承发展、生生不息的生动写照。

中华民族曾经创造出居于世界前列的灿烂的古代文明,并且在几千年内绵延不绝,从来没有中断过。纵观中华民族五千年的历史,爱国主义是中华文明呈现强大生命力的思想基础,爱国主义是中华民族充满生机和活力的精神支柱。无论在太平盛世,还是危亡关头,忧国忧民的爱国主义意识始终传承于中华民族中。这种爱国意识不仅增强了民族凝聚力和向心力,而且成为保卫民族独立、捍卫民族尊严、促进国家富强的巨大精神力量,它鼓舞着中华民族的优秀儿女为祖国的繁荣昌盛而前赴后继,成为推动民族奋进、祖国振兴的强大精神动力。

变革和进取同样也是中华民族优良传统的重要组成部分。自古以来,中国大地上发生了无数变法、变革图强的运动,留下了"治世不一道,便国不法古"的豪迈宣言,使中华文明成为人类历史上唯一一个绵延5000多年至今未曾中断的灿烂文明。从中华民族5000多年的历史看,在变革中总体上前进是中国的历史常态,进步有深远的历史渊源和深厚的文化根基。

2.五四运动不是凭空发生的,更不是靠什么人的主观意愿和决心才出现的,它是历史大趋势的产物

爱国主义是五四运动最深厚的精神底蕴,文明和变革是五四运动的内在追求。启蒙与救亡同在,绝望与希望共存。五四运动的直接起因,固然是第一次世界大战结束前后,某些西方列强散布一些冠冕堂皇的言论,中国人民原本认为作为战胜国之一,中国能在巴黎和会上收回一些主权,最起码也能将战败国德国在山东攫取的特权收回,但是结局却是,巴黎和会不仅对中国代表的要求弃之不理,而且还把德国在山东的特权全部交给了日本。原来抱着很高热情期待的"公理战胜强权",至此全部化为泡影。失望带来的痛苦格外强烈,愤怒终于像火山那样爆发了。同时我们也要看到,自19世纪末起,中国开始遭遇来自西方文明的综合冲击与挑战,不断重复屈辱和失败的现实使每个有血性的中国人在爱国和进步的民族传统作用下,对这种屈辱和不幸格外感到无法忍受。国势的危急、民族的苦难,使人痛苦,也催人奋进。五四运动是中国人民从祖国苦难境遇激发出来的满腔悲愤中生发出的创造合理新社会的强烈追求。也就是说,中华民族爱国和进步的优良传统是五四运动能够发生的内在动力和最深厚的精神底蕴。

在19世纪和20世纪之交,资本主义世界体系完全形成,并作为新生的社会形态开始引领人类社会向前发展,显示了强大的生命力。这时,在其上层建筑思想文化领域,资产阶级意识形态占据了主导地位,伴随社会的进步和社会生产力的发展,开始向广大的殖民地迅猛扩张。恰值此时,中国辛亥革命结束了古老中国的封建专制制度,这个新潮便以新文化运动的形式进入中国并迅速传播,由涟漪成为大潮,在潜移默化中影响中国社会和中国民众。受当时社会条件的限制,其着眼点主要是个人权利,是引导人们摆脱封建专制制度、封建礼教

和观念的束缚,不可能让人们从本质方面认识社会和自然,从根本上给灾难深重的中国人指明真正的出路。但它毕竟还是起到了振聋发聩的作用,让人们觉醒,成为自己的主人。因此民主和科学观念的传播,构筑了五四运动内在精神的灵魂,让以工人阶级为代表的中国劳动阶级通过五四运动登上政治舞台,并且显示出蕴藏在中国广大人民群众中的巨大力量,同时促使社会上的人们更深一步地认识和理解民主和科学理念。

3.五四精神的实质,就是为实现中华民族伟大复兴的中国梦而奋斗

经过五四运动一场暴风雨式的群众运动的冲刷,人们短时间内在思想上产生了剧烈的震动。在群众运动的冲击震荡下,整个中国从沉睡中复苏了,开始焕发出青春的活力。这一时期,风云际会,西方各种社会思潮蜂拥而至,广为流传。其中,关于社会主义的争论规模空前,影响深远,争论的焦点是中国的发展前途。经过论战,信仰马克思主义的先进人物坚定了只有社会主义才能救中国的信心。

这时,接受了马克思主义的先进分子不是抛弃了民主和科学的旗帜,而是在民主和科学的大旗下继续奋斗,并且赋予它们以新的更加完整的内容。这个新内容不是抹杀个性,而是把个性解放和社会改造这个大目标融合在一起;不是仅仅从接受自然和社会的科学知识层面理解科学,而是要用科学的理论和方法去揭示事物的本质和事物发展的客观规律。新文化运动的这个进步,也被纳入了五四运动和五四精神的内涵,并且成为五四精神本质的构成因素之一。

很显然,五四运动凝聚的五四精神的内涵是十分丰富的。但是,只要我们能够在全面理解和整体把握的基础上进行深刻分析,就可以发现:爱国、进步、民主、科学有一个共同的源头,就是渴望民族复兴的情怀;有一个共同的指向,就是要踏上正确的民族复兴之路;有一个共同的目标,就是改造中国、改造社会,实现中华民族的伟大复兴。因此,五四精神的实质,就是为实现中华民族伟大复兴的中国梦而奋斗。

在五四运动发生后的百年中,历史长河里留下了中国共产党带领中华儿女为实现中华民族伟大复兴而奋斗的清晰轨迹。历史和实践证明,中国共产党是五四精神的承继者,只有在中国共产党的领导下,五四运动凝聚的爱国、进步、民主、科学的精神才能逐步变为现实,五四精神的火炬才能始终高扬并薪火相传。

我们今天在纪念五四运动百年之际,一定要牢牢把握住五四精神的核心与实质,学习好、运用好习近平新时代中国特色社会主义思想,增强"四个意识",坚定"四个自信",做到"两个维护",更加紧密地团结在以习近平同志为核心的党中央周围,沿着党开辟和指引的道路,坚定不移地走下去,为实现"两个一百年"奋斗目标不懈努力,为实现中国梦不懈奋斗。

拓展阅读

习近平:在纪念五四运动100周年大会上的讲话

共青团员们,青年朋友们,同志们:

100年前,中国大地爆发了震惊中外的五四运动,这是中国近现代史上具有划

时代意义的一个重大事件。

今年是五四运动100周年,也是中华人民共和国成立70周年。在这个具有特殊意义的历史时刻,我们在这里隆重集会,缅怀五四先驱崇高的爱国情怀和革命精神,总结党和人民探索实现民族复兴道路的宝贵经验,这对发扬五四精神,激励全党全国各族人民特别是新时代中国青年为全面建成小康社会、加快建设社会主义现代化国家、实现中华民族伟大复兴的中国梦而奋斗,具有十分重大的意义。

青年朋友们、同志们!

五四运动,爆发于民族危难之际,是一场以先进青年知识分子为先锋、广大人民群众参加的彻底反帝反封建的伟大爱国革命运动,是一场中国人民为拯救民族危亡、捍卫民族尊严、凝聚民族力量而掀起的伟大社会革命运动,是一场传播新思想新文化新知识的伟大思想启蒙运动和新文化运动,以磅礴之力鼓动了中国人民和中华民族实现民族复兴的志向和信心。

五四运动,以彻底反帝反封建的革命性、追求救国强国真理的进步性、各族各界群众积极参与的广泛性,推动了中国社会进步,促进了马克思主义在中国的传播,促进了马克思主义同中国工人运动的结合,为中国共产党成立做了思想上干部上的准备,为新的革命力量、革命文化、革命斗争登上历史舞台创造了条件,是中国旧民主主义革命走向新民主主义革命的转折点,在近代以来中华民族追求民族独立和发展进步的历史进程中具有里程碑意义。

——五四运动以全民族的力量高举起爱国主义的伟大旗帜。五四运动,孕育了以爱国、进步、民主、科学为主要内容的伟大五四精神,其核心是爱国主义精神。爱国主义是我们民族精神的核心,是中华民族团结奋斗、自强不息的精神纽带。五四运动时,面对国家和民族生死存亡,一批爱国青年挺身而出,全国民众奋起抗争,誓言"国土不可断送、人民不可低头",奏响了浩气长存的爱国主义壮歌。

历史深刻表明,爱国主义自古以来就流淌在中华民族血脉之中,去不掉,打不破,灭不了,是中国人民和中华民族维护民族独立和民族尊严的强大精神动力,只要高举爱国主义的伟大旗帜,中国人民和中华民族就能在改造中国、改造世界的拼搏中迸发出排山倒海的历史伟力!

——五四运动以全民族的行动激发了追求真理、追求进步的伟大觉醒。五四运动前后,我国一批先进知识分子和革命青年,在追求真理中传播新思想新文化,勇于打破封建思想的桎梏,猛烈冲击了几千年来的封建旧礼教、旧道德、旧思想、旧文化。五四运动改变了以往只有觉悟的革命者而缺少觉醒的人民大众的斗争状况,实现了中国人民和中华民族自鸦片战争以来第一次全面觉醒。经过五四运动洗礼,越来越多中国先进分子集合在马克思主义旗帜下,1921年中国共产党宣告正式成立,中国历史掀开了崭新一页。

历史深刻表明,有了马克思主义,有了中国共产党领导,有了中国人民和中华民族的伟大觉醒,中国人民和中华民族追求真理、追求进步的潮流从此就是任何人都阻挡不了的!

——五四运动以全民族的搏击培育了永久奋斗的伟大传统。早在80年前,毛泽东同志就指出:"中国的青年运动有很好的革命传统,这个传统就是'永久奋斗'。"通过五四运动,中国青年发现了自己的力量,中国人民和中华民族发现了自己的力量。中国人民和中华民族从斗争实践中懂得,中国社会发展,中华民族振兴,中国人民幸福,必须依靠自己的英勇奋斗来实现,没有人会恩赐给我们一个光明的中国。

历史深刻表明,只要中国人民和中华民族勇于为改变自己的命运而奋斗牺牲,我们的国家就一定能够走向富强,我们的民族就一定能够实现伟大复兴!

五四运动以来的100年,是中国青年一代又一代接续奋斗、凯歌前行的100年,是中国青年用青春之我创造青春之中国、青春之民族的100年。

100年来,中国青年满怀对祖国和人民的赤子之心,积极投身党领导的革命、建设、改革伟大事业,为人民战斗、为祖国献身、为幸福生活奋斗,把最美好的青春献给祖国和人民,谱写了一曲又一曲壮丽的青春之歌。

实践充分证明,中国青年是有远大理想抱负的青年! 中国青年是有深厚家国情怀的青年! 中国青年是有伟大创造力的青年! 无论过去、现在还是未来,中国青年始终是实现中华民族伟大复兴的先锋力量!

青年朋友们、同志们!

今天,在中国共产党领导下,我们开辟了中国特色社会主义道路,形成了中国特色社会主义理论体系,建立了中国特色社会主义制度,发展了中国特色社会主义文化,推动中国特色社会主义进入了新时代。中国人民拥有了前所未有的道路自信、理论自信、制度自信、文化自信,中华民族伟大复兴展现出前所未有的光明前景!

新时代中国青年运动的主题,新时代中国青年运动的方向,新时代中国青年的使命,就是坚持中国共产党领导,同人民一道,为实现"两个一百年"奋斗目标、实现中华民族伟大复兴的中国梦而奋斗。

青年是整个社会力量中最积极、最有生气的力量,国家的希望在青年,民族的未来在青年。今天,新时代中国青年处在中华民族发展的最好时期,既面临着难得的建功立业的人生际遇,也面临着"天将降大任于斯人"的时代使命。新时代中国青年要继续发扬五四精神,以实现中华民族伟大复兴为己任,不辜负党的期望、人民期待、民族重托,不辜负我们这个伟大时代。

第一,新时代中国青年要树立远大理想。青年的理想信念关乎国家未来。青年理想远大、信念坚定,是一个国家、一个民族无坚不摧的前进动力。青年志存高远,就能激发奋进潜力,青春岁月就不会像无舵之舟漂泊不定。正所谓"立志而圣则圣矣,立志而贤则贤矣"。青年的人生目标会有不同,职业选择也有差异,但只有把自己的小我融入祖国的大我、人民的大我之中,与时代同步伐、与人民共命运,才能更好实现人生价值、升华人生境界。离开了祖国需要、人民利益,任何孤芳自赏都会陷入越走越窄的狭小天地。

新时代中国青年要树立对马克思主义的信仰、对中国特色社会主义的信念、对中华民族伟大复兴中国梦的信心,到人民群众中去,到新时代新天地中去,让理想信念在创业奋斗中升华,让青春在创新创造中闪光!

第二,新时代中国青年要热爱伟大祖国。孙中山先生说,做人最大的事情,"就是要知道怎么样爱国"。一个人不爱国,甚至欺骗祖国、背叛祖国,那在自己的国家、在世界上都是很丢脸的,也是没有立足之地的。对每一个中国人来说,爱国是本分,也是职责,是心之所系、情之所归。对新时代中国青年来说,热爱祖国是立身之本、成才之基。当代中国,爱国主义的本质就是坚持爱国和爱党、爱社会主义高度统一。

新时代中国青年要听党话、跟党走,胸怀忧国忧民之心、爱国爱民之情,不断奉献祖国、奉献人民,以一生的真情投入、一辈子的顽强奋斗来体现爱国主义情怀,让爱国主义的伟大旗帜始终在心中高高飘扬!

第三,新时代中国青年要担当时代责任。时代呼唤担当,民族振兴是青年的责任。鲁迅先生说,青年"所多的是生力,遇见深林,可以辟成平地的,遇见旷野,可以栽种树木的,遇见沙漠,可以开掘井泉的"。在实现中华民族伟大复兴的新征程上,应对重大挑战、抵御重大风险、克服重大阻力、解决重大矛盾,迫切需要迎难而上、挺身而出的担当精神。只要青年都勇挑重担、勇克难关、勇斗风险,中国特色社会主义就能充满活力、充满后劲、充满希望。青年要保持初生牛犊不怕虎、越是艰险越向前的刚健勇毅,勇立时代潮头,争做时代先锋。一切视探索尝试为畏途、一切把负重前行当吃亏、一切"躲进小楼成一统"逃避责任的思想和行为,都是要不得的,都是成不了事的,也是难以真正获得人生快乐的。

新时代中国青年要珍惜这个时代、担负时代使命,在担当中历练,在尽责中成长,让青春在新时代改革开放的广阔天地中绽放,让人生在实现中国梦的奋进追逐中展现出勇敢奔跑的英姿,努力成为德智体美劳全面发展的社会主义建设者和接班人!

第四,新时代中国青年要勇于砥砺奋斗。奋斗是青春最亮丽的底色。"自信人生二百年,会当水击三千里。"民族复兴的使命要靠奋斗来实现,人生理想的风帆要靠奋斗来扬起。没有广大人民特别是一代代青年前赴后继、艰苦卓绝的接续奋斗,就没有中国特色社会主义新时代的今天,更不会有实现中华民族伟大复兴的明天。千百年来,中华民族历经苦难,但没有任何一次苦难能够打垮我们,最后都推动了我们民族精神、意志、力量的一次次升华。今天,我们的生活条件好了,但奋斗精神一点都不能少,中国青年永久奋斗的好传统一点都不能丢。在实现中华民族伟大复兴的新征程上,必然会有艰巨繁重的任务,必然会有艰难险阻甚至惊涛骇浪,特别需要我们发扬艰苦奋斗精神。奋斗不只是响亮的口号,而是要在做好每一件小事、完成每一项任务、履行每一项职责中见精神。奋斗的道路不会一帆风顺，往往荆棘丛生、充满坎坷。强者，总是从挫折中不断奋起、永不气馁。

新时代中国青年要勇做走在时代前列的奋进者、开拓者、奉献者，毫不畏惧面对一切艰难险阻，在劈波斩浪中开拓前进，在披荆斩棘中开辟天地，在攻坚克难中创造业绩，用青春和汗水创造出让世界刮目相看的新奇迹！

第五，新时代中国青年要练就过硬本领。青年是苦练本领、增长才干的黄金时期。"青春虚度无所成，白首衔悲亦何及。"当今时代，知识更新不断加快，社会分工日益细化，新技术新模式新业态层出不穷。这既为青年施展才华、竞展风采提供了广阔舞台，也对青年能力素质提出了新的更高要求。不论是成就自己的人生理想，还是担当时代的神圣使命，青年都要珍惜韶华、不负青春，努力学习掌握科学知识，提高内在素质，锤炼过硬本领，使自己的思维视野、思想观念、认识水平跟上越来越快的时代发展。

新时代中国青年要增强学习紧迫感，如饥似渴、孜孜不倦学习，努力学习马克思主义立场观点方法，努力掌握科学文化知识和专业技能，努力提高人文素养，在学习中增长知识、锤炼品格，在工作中增长才干、练就本领，以真才实学服务人民，以创新创造贡献国家！

第六，新时代中国青年要锤炼品德修为。人无德不立，品德是为人之本。止于至善，是中华民族始终不变的人格追求。我们要建设的社会主义现代化强国，不仅要在物质上强，更要在精神上强。精神上强，才是更持久、更深沉、更有力量的。青年要把正确的道德认知、自觉的道德养成、积极的道德实践紧密结合起来，不断修身立德，打牢道德根基，在人生道路上走得更正、走得更远。面对复杂的世界大变局，要明辨是非、恪守正道，不人云亦云、盲目跟风。面对外部诱惑，要保持定力、严守规矩，用勤劳的双手和诚实的劳动创造美好生活，拒绝投机取巧、远离自作聪明。面对美好岁月，要有饮水思源、懂得回报的感恩之心，感恩党和国家，感恩社会和人民。要在奋斗中摸爬滚打，体察世间冷暖、民众忧乐、现实矛盾，从中找到人生真谛、生命价值、事业方向。

新时代中国青年要自觉树立和践行社会主义核心价值观，善于从中华民族传统美德中汲取道德滋养，从英雄人物和时代楷模的身上感受道德风范，从自身内省中提升道德修为，明大德、守公德、严私德，自觉抵制拜金主义、享乐主义、极端个人主义、历史虚无主义等错误思想，追求更有高度、更有境界、更有品位的人生，让清风正气、蓬勃朝气遍布全社会！

青年朋友们、同志们！

中国共产党自成立之日起，就始终把青年工作作为党的一项极为重要的工作。一代又一代中国共产党人，大多数都是在青年时代就满怀信仰和豪情加入了党组织，并为党和人民奋斗终身。党的队伍中始终活跃着怀抱崇高理想、充满奋斗精神的青年人，这是我们党历经百年风雨而始终充满生机活力的一个重要原因。中国共产党立志于中华民族千秋伟业,必须始终代表广大青年、赢得广大青年、依靠广大青年,用极大力量做好青年工作,确保党的事业薪火相传,确保中华民族永续发展。

把青年一代培养造就成德智体美劳全面发展的社会主义建设者和接班人,是事关党和国家前途命运的重大战略任务,是全党的共同政治责任。各级党委和政府、各级领导干部以及全社会都要充分信任青年、热情关心青年、严格要求青年,关注青年愿望、帮助青年发展、支持青年创业,做青年朋友的知心人、青年工作的热心人、青年群众的引路人。

我们要主动走近青年、倾听青年,做青年朋友的知心人。当代青年思想活跃、思维敏捷,观念新颖、兴趣广泛,探索未知劲头足,接受新生事物快,主体意识、参与意识强,对实现人生发展有着强烈渴望。这种青春天性赋予青年活力、激情、想象力和创造力,应该充分肯定。同时,青年人阅历不广,容易从自身角度、从理想状态的角度来认识和理解世界,难免给他们带来局限性。这是青年成长的规律,我们要尊重这个规律。信任是理解的前提。要尊重青年天性,照顾青年特点,经常到青年中去,同青年零距离接触、面对面交流,了解他们的思想动态、价值取向、行为方式、生活方式,倾听他们对社会问题和现象的看法,对党和政府工作的意见和建议。即便听到了尖锐的甚至是偏颇的批评,也要有则改之、无则加勉,成为青年愿意讲真话、交真心、诉真情的知心朋友。青年要向年长者学习,年长者也要向青年学习,相互取长补短,相互信任帮助。

我们要真情关心青年、关爱青年,做青年工作的热心人。青年处于人生道路的起步阶段,在学习、工作、生活方面往往会遇到各种困难和苦恼,需要社会及时伸出援手。当代青年遇到了很多我们过去从未遇到过的困难。压力是青年成长的动力,而在青年成长的关键处、要紧时拉一把、帮一下,则可能是青年顶过压力、发展成才的重要支点。我们要关注青年所思、所忧、所盼,帮助青年解决好他们在毕业求职、创新创业、社会融入、婚恋交友、老人赡养、子女教育等方面的操心事、烦心事,努力为青年创造良好发展条件,让他们感受到关爱就在身边、关怀就在眼前。

我们要悉心教育青年、引导青年,做青年群众的引路人。青年要顺利成长成才,就像幼苗需要精心培育,该培土时就要培土,该浇水时就要浇水,该施肥时就要施肥,该打药时就要打药,该整枝时就要整枝。要坚持关心厚爱和严格要求相统一、尊重规律和积极引领相统一,教育引导青年正确认识世界,全面了解国情,把握时代大势。既要理解青年所思所想,为他们驰骋思想打开浩瀚天空,也要积极教育引导青年,推动他们脚踏实地走上大有作为的广阔舞台。当青年思想认识陷入困惑彷徨、人生抉择处于十字路口时要鼓励他们振奋精神、勇往直前,当青年在工作上取得进步时要给予他们热情鼓励,当青年在事业上遇到困难时要帮助他们重拾信心,当青年犯了错误、做了错事时要及时指出并帮助他们纠正,对一些青年思想上的一时冲动或偏激要多教育引导,能包容要包容,多给他们一点提高自我认识的时间和空间，不要过于苛责。要积极鼓励青年到艰苦的一线吃苦磨练、增长才干，放手让青年在重要领域和重要岗位上攻坚克难、施展才华，积极为青年创造人人努力成才、人人皆可成才、人人尽展其才的发展条件。

青年朋友们、同志们！

自古英雄出少年。在漫漫历史长河中，人类社会青年英雄辈出，中华民族青年英雄辈出。《共产党宣言》发表时马克思是30岁，恩格斯是28岁。列宁最初参加革命活动时只有17岁。牛顿和莱布尼茨发现微积分时分别是22岁和28岁，达尔文开始环球航行时是22岁，爱因斯坦提出狭义相对论时是26岁。贾谊写出"西汉一代最好的政论"时不到30岁，王勃写下千古名篇《滕王阁序》时才20多岁。在我们党领导人民进行革命、建设、改革的伟大历史进程中更是青年英雄辈出。中共一大召开时毛泽东是28岁，周恩来参加中国共产党时是23岁，邓小平参加旅欧中国少年共产党时是18岁。杨靖宇牺牲时是35岁，赵一曼牺牲时是31岁，江姐牺牲时是29岁，红三十四师师长陈树湘牺牲时是29岁，邱少云牺牲时是26岁，雷锋牺牲时是22岁，黄继光牺牲时是21岁，刘胡兰牺牲时只有15岁。守岛32年的王继才第一次登上开山岛时是26岁，航天报国的嫦娥团队、神舟团队平均年龄是33岁，北斗团队平均年龄是35岁。这样的青年英杰数不胜数！我们要用欣赏和赞许的眼光看待青年的创新创造，积极支持他们在人生中出彩，为青年取得的成就和成绩点赞、喝彩，让青春成为中华民族生气勃发、高歌猛进的持久风景，让青年英雄成为驱动中华民族加速迈向伟大复兴的蓬勃力量！

青年朋友们、同志们！

共青团是党的助手和后备军，是党的青年工作的重要力量。在中国青年运动的光辉历程中，共青团发扬"党有号召、团有行动"的优良传统，为党争取青年人心、汇聚青年力量，在革命、建设、改革各个历史时期作出了积极贡献、发挥了重要作用。党旗所指就是团旗所向。共青团要毫不动摇坚持党的领导，增强"四个意识"、坚定"四个自信"、做到"两个维护"，坚定不移走中国特色社会主义群团发展道路，不断保持和增强政治性、先进性、群众性，坚持把培养社会主义建设者和接班人作为根本任务，把巩固和扩大党执政的青年群众基础作为政治责任，把围绕中心、服务大局作为工作主线，认真履行引领凝聚青年、组织动员青年、联系服务青年的职责，不断创新工作思路，增强对青年的凝聚力、组织力、号召力，团结带领新时代中国青年在实现中华民族伟大复兴中国梦的进程中不断开拓创新、奋发有为。

关心和支持青年是全社会的共同责任。一切党政机关、企业事业单位，人民解放军和武警部队，各人民团体和社会团体，广大城乡基层自治组织，各新经济组织和新社会组织，都要关心青年成长、支持青年发展，给予青年更多机会，更好发挥青年作用。

青年朋友们、同志们！

青年是国家的未来，也是世界的未来。中国梦与世界梦息息相通，中华民族应该对人类社会作出更大贡献。新时代中国青年，要有家国情怀，也要有人类关怀，发扬中华文化崇尚的四海一家、天下为公精神，为实现中华民族伟大复兴而奋斗，为推动共建"一带一路"、推动构建人类命运共同体而努力。

青年朋友们！一代人有一代人的长征，一代人有一代人的担当。建成社会主义现代化强国，实现中华民族伟大复兴，是一场接力跑。我们有决心为青年跑出一个好成绩，也期待现在的青年一代将来跑出更好的成绩。衷心希望新时代中国青年积极拥抱新时代、奋进新时代，让青春在为祖国、为人民、为民族、为人类的奉献中焕发出更加绚丽的光彩！

再过几天，就是五四青年节了。在这里，我代表党中央，向全国各族青年致以节日的热烈祝贺！

（资料来源：习近平.在纪念五四运动100周年大会上的讲话.(2019-04-30)[2019-05-20].http://www.xinhuanet.com/politics/leaders/2019-04/30/c_1124440193.htm.）

二、弘扬五四精神，传承爱国情怀

（一）弘扬五四精神的内在要求

100年前的五四运动，掀起了一波反帝反封建的高潮，这不仅仅是一场青年爱国运动，更是一次民族的觉醒。正是团结的中华儿女不退让、不妥协，成功捍卫了国家的底线，催生并壮大了中国的工人阶级，同时促进了马克思主义在中国的传播，为中国共产党的成立提供了思想基础和阶级基础。五四运动所蕴含的爱国主义精神、民主科学精神以及改革创新精神，值得也必将在新一代青年中薪火相传。

传承爱国主义精神。百年前的巴黎和会上，所谓的"和平会议"不过是西方列强的分赃大会，北洋政府的昏庸和国际地位的卑微让中国人民深深感受到"弱国无外交"。彼时，知识分子率先在国家危难面前挺身而出，随后工人阶级、劳苦大众纷纷响应，用激情和生命践行了自己对国家的热爱，所谓"天下兴亡，匹夫有责"，这是何等的爱国情怀。如今站在新的起点，回顾历史，眺望远方，享受着和平的我们更要牢记历史，让爱国成为行动，而不仅仅是口号。百年前的青年志士尚能迈出校园，为拯救中华民族危亡而振臂疾呼，当代青年更有责任传承爱国主义精神，投身社会主义建设。正如马克思所说："那时我们所感到的就不是可怜的、有限的、自私的乐趣，我们的幸福将属于千百万人。"怀有爱国情怀的人，他所奋斗的事业是整个国家的事业，他所感受的幸福是全体人民的幸福。

弘扬民主科学精神。近代中国可谓饱经风霜，历尽沧桑，帝国主义的坚船利炮轰开了旧中国的国门，也敲响了国人救亡图存的警钟，从"师夷长技以制夷"的魏源，到戊戌六君子的变法，再到轰轰烈烈的五四风雷，各种社会思潮风起云涌，"落后就要挨打"的教训敦促我们必须学习先进知识，必须冲破封建愚昧的思想桎梏。民主科学精神深植在中国传统文化的土壤，又汲取了西方先进思想的养分，这种精神在"先天下之忧而忧"的知识分子身上展现得淋漓尽致。用民主救国,用科学兴国,既是旧时代的疾呼,又是新时代的必然要求。当代青年也要在观念上与时俱进,在学习上解放思想,在工作中以人为本,弘扬民主科学精神,把爱国情、强国志、报国行融入中国特色社会主义建设的伟大奋斗中。

厚植改革创新精神。五四运动是一场伟大的爱国运动。有志之士以敢为人先,"逢山开路、遇水架桥"的勇气与执着,捍卫了民族的尊严,挺直了民族的腰杆。新时代,我们比以往任何时刻更需要这种创新精神。纵观世界发展史,人类的一切文明成果,都是创新思维的胜利果实,都是创新智慧的结晶。小到团队和个人,大到国家和民族,创新是一切进步的源泉,站在时代的潮头,青年人要争做改革派,争当创新的急先锋,求变、求新、求行,唯有如此,才能让中国特色社会主义更加焕发生机,更加坚实有力。

有信仰的年代,从不缺少奉献。浩浩荡荡的五四运动已经过去百年,但先辈传承下来的五四精神永远不会褪色,其蕴含的爱国、进步、民主、科学精神必将指引当代青年,为中国特色社会主义伟大事业奉献自己的青春热血。弘扬五四精神,传承爱国情怀,让五四精神融入青年的奋斗中,争做时代的弄潮儿,争做担当民族复兴大任的时代青年。

(二)弘扬五四精神的历史价值

五四精神是新民主主义革命取得胜利的重要激励力量。在五四运动中孕育形成的五四精神成为新民主主义革命取得胜利的重要激励力量。受五四运动和爱国主义精神的影响,农民阶级与工人阶级组成革命联盟,成为革命的主力军,城市小资产阶级和民族资产阶级也纷纷走上了革命道路,成为革命力量。也正是在这种精神的基础上,中国共产党建立起了不同历史时期的革命统一战线,为革命胜利聚集起了强大的民心、智慧和力量。

五四精神是社会主义改造和建设探索的重要思想鼓舞。如果说五四运动的爱国主义精神是在苦难中激发的,那么社会主义改造和建设时期的爱国主义精神就是在幸福中爆发的。中华人民共和国成立之初,百废待兴,中国人民翻身作主,成为掌握自己和国家命运的主人。在五四运动爱国精神的激励下,无数知识分子和革命青年响应党的号召,战天斗地,建设新中国。

五四精神是改革开放取得伟大历史成就的重要精神支撑。五四运动是一场伟大的思想解放运动。60年后,一场新的思想解放运动又在神州大地激荡,拉开了改革开放这一改变当代中国命运的伟大实践的巨幕。习近平总书记指出,改革开放铸就的伟大改革开放精神,极大丰富了民族精神内涵。就五四精神在改革开放中所发挥的重要精神支撑作用而言,五四精神与改革开放精神相互交融,共同浇筑起以爱国主义为核心的民族精神和以改革创新为核心的时代精神的永久丰碑。

(三)弘扬五四精神的现实意义

决胜全面小康需要传承和弘扬五四精神。全面建成小康社会目标的实现,关系着全面建设社会主义现代化国家的新征程能否开启,以及能否向第二个百年奋斗目标进军。决胜全面小康,既需要对准目标要求,紧扣主要矛盾,实施科教兴国、人才强国、创新驱动、乡村振兴等重大战略,坚持问题导向、注重实效,聚焦重点、查漏补缺,打好防范化解重大风险、精准脱贫、污染防治三大攻坚战;也需要传承和弘扬爱国主义精神和进步、民主、科学精神,为决胜全面小康汇聚更多的人才、资源和力量,提供积极向上的思想条件、制度环境和科技支持,确保全面小康的目标如期实现。

建设社会主义现代化国家需要传承和弘扬五四精神。党的十九大以"两步走"战略规划了建设社会主义现代化国家的目标和路线,这是新时代中国特色社会主义的战略安排。迈上新征程、实现新目标,需要坚韧不拔、锲而不舍,也需要传承和弘扬五四精神。实现"两步走"目标,需要弘扬以马克思主义为指导的爱国主义精神,号召更多的海内外中华儿女团结在民族复兴的旗帜下,需要弘扬进步、民主、科学精神,继续保持追求进步的昂扬斗志。

青年一代担当历史使命需要传承和弘扬五四精神。100年前,五四运动以青年学生为先锋;今天,实现民族复兴,青年一代同样要担当历史使命,成为生力军。2018年5月2日,习近平总书记在北京大学师生座谈会上勉励广大青年在民族复兴新征程中继续发扬五四精神,为民族、国家和人民作出新的更大贡献。当代青年要坚定共产主义远大理想,明辨是非,志存高远,脚踏实地,勇做时代的弄潮儿;要传承和弘扬爱国、进步、民主、科学精神,时刻保持积极向上、追求进步的姿态,做有理想、有本领、有担当的有为青年;要坚守勤学好问、追求真理的状态,坚持报效国家、回馈社会的心态,做能够担当民族复兴大任的时代新人。

拓 展 阅 读

五四精神的历史地位和当代价值

五四运动是有着5000多年灿烂文明历史的中华民族在近代发生的伟大事件。它包括以高举民主与科学两面大旗为标志的新文化运动和以学生为主体的群众性爱国运动两个内涵。前者所起的启蒙、觉醒作用,是后者的思想阶段。有了前者,后者才成为中国近现代历史进入新民主主义革命阶段的具有划时代意义的标识。五四运动也正因为有上述两大内涵,才形成习近平总书记两次在北京大学强调的以"爱国、进步、民主、科学"为主要内容的五四精神。五四精神是中国共产党精神谱系的一个重要谱源,发挥过巨大历史作用,经过百年沧桑,仍然具有不可替代的当代价值。

一、五四精神是中华民族精神在近代中国达到的新的历史高度

民族精神是一个民族赖以生存和发展的精神支撑。它的核心是爱国主义。我们中华民族具有深厚的爱国主义传统。千百年来,中华儿女对于自己祖国一直有着浓烈情感。为了民族的独立、解放、发展和强大,一代又一代神州之子前赴后继,进行了不屈不挠的奋斗,留下了无数可歌可泣的爱国主义英雄事迹。屈原、岳飞、文天祥、郑成功、林则徐等是其中杰出代表。

五四运动将以爱国主义为核心的我们中华民族的民族精神提升到了一个新的历史高度。

第一,爱国主义精神的展现具有以学生为主体的广大社会各界参加的空前群众性。1840年以来的爱国主义斗争,参与群体的单一性比较突出,或太平天国的农民革命,或上层知识界的维新变法,或资产阶级革命派领导的辛亥革命,尽管很有规模声势,但参与斗争的主体还不多元。五四运动在北京爆发时以学生为主体,但到"六三"运动后则发展到社会各界群众参加,具有空前的多元性;并且波及全国20多个省、许多大城市。在中国近代历史上,像这样席卷全国的有各界群众广泛参加的声势巨大的爱国运动从未有过。它也空前地扩大了民族精神外延的广泛性。

第二,爱国主义精神的载体首次凸显了中国工人阶级的强大力量。五四运动发展到上海这个全国最大的工商业城市掀起新的高潮——"六三"运动。它的一个突出特点,是上海工人奋起声援学生,由产业工人带头,许多行业的工人和店员等纷纷参加罢工,高潮时达到10多万人。上海工人的罢工推动了全国各地的罢工风潮。这一罢工浪潮迅速扩展到全国100多个城市。中国工人阶级特别是产业工人,以非常坚决的态度和巨大规模参加这样的政治斗争,是前所未有的。中国工人阶级以昂首的独立姿态登上政治舞台,不能不使以爱国主义为核心的民族精神达到一个新的高度。

第三,爱国主义精神的内涵具有鲜明的反帝反封建性。五四爱国运动是为了反对帝国主义列强在巴黎和会上损害中国主权、反对军阀政府的卖国政策而爆发的。尽管运动中没有明确提出反对帝国主义和打倒军阀的口号,但斗争的目标既是坚决地反对西方列强将"巴黎和约"强加于中国,也是坚决地反对屈服于帝国主义压力、准备在这个丧权辱国和约上签字的军阀政府。由于人民开始觉醒,军阀政府慑于广大群众的愤怒和威力,被迫释放被捕学生,罢免多名亲日派官僚;参加和会的中国代表最终没有出席签字仪式。这标志着这次反对西方列强和军阀卖国的全国规模的爱国运动取得了重大胜利。五四运动鲜明的反帝反封建性,极大地丰富了以爱国主义为核心的民族精神的内涵。它成了中华民族进行爱国主义教育的一面光辉旗帜!

怎样认识以爱国主义为核心的五四精神的当代价值呢?习近平总书记明确指出:"五四精神体现了中国人民和中华民族近代以来追求的先进价值观。爱国、进步、民主、科学,都是我们今天依然应该坚守和践行的核心价值,不仅广大青年要坚守和践行,全社会都要坚守和践行。"他对广大青年寄予多方面希望时,首要一条就强调了爱国。他说:"一是要爱国,忠于祖国,忠于人民。爱国,是人世间最深层、最持久的情感,是一个人立德之源、立功之本。孙中山先生说,做人最大的事情,'就是要知道怎么样爱国'。我们常讲,做人要有气节、要有人格。气节也好,人格也好,爱国是第一位的。我们是中华儿女,要了解中华民族历史,秉承中华文化基因,有民族自豪感和文化自信心。要时时想到国家,处处想到人民,做到'利于国者爱之,害于国者恶之'。爱国,不能停留在口号上,而是要把自己的理想同祖国的前途、把自己的人生同民族的命运紧密联系在一起,扎根人民,奉献国家。"弘扬五四精神,爱国是重中之重。

二、五四精神是近代中国空前的思想解放大潮的历史结晶

五四运动是近代中国历史上一次空前的思想解放运动。邓颖超回忆道:"五四运动是思想解放运动,一解放,就像大水奔流。那时的思想,受到长期禁锢,像小脚女人把脚裹住;放开以后,不知怎样走路,有倒的,有歪的,也有跌跤的。那时是百家争鸣,各种思潮都有。"1840年鸦片战争,中国由封建社会变为更加苦难深重的半殖民地半封建社会。为了救国拯民,先进的中国人不断从西方引入近代文明。如维新变法和辛亥革命,都做了勇敢的尝试;也有某种程度的思想解放,但其局限性是明显的,无论广度、深度、力度、新度,都是无法与五四时期相比拟的。1915年兴起的新文化运动,猛烈地批判宣扬封建礼教的旧思想、旧文化、旧道德,打碎了中华民族千年来的思想禁锢,西方各种思潮被纷纷介绍到中国来。不断涌现的新媒体竞相宣传感兴趣的思想学说,即使被作为"社会主义"思想传播进来的,也是五花八门,名目繁多,异常庞杂。除了马克思的科学社会主义和俄国的布尔什维主义思想之外,还有无政府主义、工团主义、工读互助主义、新村主义、基尔特社会主义、社会民主主义等。美国实用主义也很有市场。

五四时期的思想解放,经历了认识的转变或升华。陈独秀最初创办《新青年》,为德先生和赛先生呐喊,既是资产阶级文艺复兴运动的回响,也打上了向往欧美在中国建立资产阶级共和国的烙印。他在那时是激进的革命民主主义者。许多先进知识分子的思想大体都是这个状况。因而,新文化运动高举的民主与科学两面大旗,具有浓厚资产阶级思想文化启蒙色彩(当然,在那时是进步的)。

对新文化运动的发展方向产生重大影响的,是俄国十月革命的胜利。它极大地鼓舞了中国先进分子。国情与中国有许多相似之处的俄罗斯,在布尔什维克党领导下,工农大众推翻沙皇和资产阶级政府,建立起新型社会主义国家,成了社会的主人。这使苦苦求索救国救民真理、对西方资本主义制度感到失望的中国先进分子在茫茫黑暗中看到了光明。中国的先进分子与时俱进。首先是李大钊积极撰文赞颂俄国十月革命和宣传马克思主义,成为系统传播马克思主义理论的第一人。《新青年》等重要媒体即由最初积极宣传民主与科学一跃而成为积极宣传马克思主义的主要阵地。其他各种报刊也大量地介绍马克思主义。这样,五四时期的思想解放就达到了一个新境界,民主与科学两面大旗也有了新的内涵。在李大钊之后,陈独秀成为中国影响最广泛的马克思主义传播者。他的思想实现了由革命民主主义向马克思主义的转变,明确指出:18世纪以来的民主是资产阶级向封建阶级做斗争的旗帜,20世纪的民主是无产阶级向资产阶级做斗争的旗帜。古人所说"劳心者治人,劳力者治于人"这句话应当倒过来说,"劳力者治人,劳心者治于人"才是正理。对于科学,新文化运动的重要领军人物也由一般反对愚昧升华到对马克思主义科学精神的理解。李大钊指出:马克思的社会主义,"因各地、各时之情形不同,务求其适合者行之,遂发生共性与特性结合的一种新制度(共性是普遍者,特性是随时随地不同者),故中国将来发生之时,必与英、德、俄……有异"。这表明,中国最早的马克思主义者已初步把握了马克思主义科学精神的真谛。这样,五四运动形成的爱国、进步、民主、科学的五四精神,是近代中国空前的思想解放大潮的历史结晶。

当代中国进入了新时代中国特色社会主义的新阶段，是否不需要解放思想了呢？非也！那种不再需要解放思想的想法是对当代中国马克思主义的一种误解。只要坚持马克思主义作为党的指导思想，就必须解放思想。只有如此，才能不断进行理论创新和实践创新。这是党的思想路线之使然，是党的生命力之所在。实践没有止境，解放思想没有穷期。习近平总书记在纪念马克思诞辰200周年大会上有一段讲话。他说："当代中国的伟大社会变革，不是简单延续我国历史文化的母版，不是简单套用马克思主义经典作家设想的模板，不是其他国家社会主义实践的再版，也不是国外现代化发展的翻版。社会主义并没有定于一尊、一成不变的套路，只有把科学社会主义基本原则同本国具体实际、历史文化传统、时代要求紧密结合起来，在实践中不断探索总结，才能把蓝图变为美好现实。理论的生命力在于不断创新，推动马克思主义不断发展是中国共产党人的神圣职责。我们要坚持用马克思主义观察时代、解读时代、引领时代，用鲜活丰富的当代中国实践来推动马克思主义发展，用宽广视野吸收人类创造的一切优秀文明成果，坚持在改革中守正出新、不断超越自己，在开放中博采众长、不断完善自己，不断深化对共产党执政规律、社会主义建设规律、人类社会发展规律的认识，不断开辟当代中国马克思主义、21世纪马克思主义新境界！"这段话，不就是对我们党需要继续解放思想的最好诠释吗？这也可以视为对五四精神解放思想的当代价值的权威解读！

三、五四精神是社会主义核心价值观的历史源头

社会主义核心价值观是党的十八大明确提出的："倡导富强、民主、文明、和谐，倡导自由、平等、公正、法治，倡导爱国、敬业、诚信、友善，积极培育社会主义核心价值观。"

社会主义核心价值观的称谓和内涵是改革开放以来的历届中央带领全党经过数十年的思考、探索，不断总结人民实践经验和理论研究成果，逐渐凝练出来的。一个民族、一个国家，不能没有自己的核心价值观。对一个民族、一个国家来说，最持久、最深层的力量，就是全社会共同认可的核心价值观。它承载着一个民族、一个国家的精神追求，体现着一个社会评判是非曲直的价值标准。古代中国将"礼义廉耻"定为国之四维，"四维不张，国乃灭亡"。这是多少年来我们一代又一代国人认准的核心价值观。新中国成立后，特别是改革开放以来，我们党与时俱进，努力寻求一个为全社会各阶层、各界别人士共同认可的核心价值观。习近平总书记在谈到社会主义核心价值观确立的过程时指出："在当代中国，我们的民族、我们的国家应该坚守什么样的核心价值观？这个问题，是一个理论问题，也是一个实践问题。经过反复征求意见，综合各方面认识，我们提出要倡导富强、民主、文明、和谐，倡导自由、平等、公正、法治，倡导爱国、敬业、诚信、友善，积极培育和践行社会主义核心价值观。富强、民主、文明、和谐是国家层面的价值要求，自由、平等、公正、法治是社会层面的价值要求，爱国、敬业、诚信、友善是公民层面的价值要求。这个概括，实际上回答了我们要建设什么样的国家、建设什么样的社会、培育什么样的公民的重大问题。……我们提出的社会主义核心价值观，把涉及国家、社会、公民的价值要求融为一体，既体现了社会主义本质要求，继承了中华优秀传统文化，也吸收了世界文明有益成果，体现了时代精神。"

为什么说五四精神是社会主义核心价值观的历史源头呢？

第一，社会主义核心价值观的载体源于五四运动以来发生的三大历史性事件。习近平总书记在庆祝改革开放40周年大会上的讲话指出："建立中国共产党、成立中华人民共和国、推进改革开放和中国特色社会主义事业，是五四运动以来我国发生的三大历史性事件，是近代以来实现中华民族伟大复兴的三大里程碑。"中国共产党是五四运动孕育的新生儿。没有五四运动，就不可能诞生中国共产党。没有中国共产党，就不可能有中华人民共和国，也不可能有改革开放和中国特色社会主义事业。这样，也就没有社会主义核心价值观。这是个非常简单的历史逻辑。所以，从提出社会主义核心价值观的载体来讲，其渊源一定要追溯到五四运动，五四精神也就自然是社会主义核心价值观的历史源头。

第二，社会主义核心价值观的指导思想源于五四运动传播进来的马克思主义。五四运动思想解放最伟大的成果就是引进了给人类也给中国以光明的天火——马克思主义。有了马克思主义也才有了中国共产党的创建。而中国共产党从创建以来，就始终以马克思主义作为指导思想，从未动摇过。批判教条主义是为了把握马克思主义的真经，使其与中国具体实际相结合，在中国大地生根开花结出硕果。上述三大历史性事件，就是三大硕果。社会主义核心价值观是在社会主义核心价值体系基础上提出的，而社会主义核心价值体系就是将马克思主义作为题中应有之义的内涵包括其中的。何况，社会主义核心价值观也是以马克思主义作为指导思想来强调的。所以，从指导思想维度而言，五四精神是社会主义核心价值观的历史源头。

第三，社会主义核心价值观的内涵是五四精神内涵的扩展、丰富和发展。这可以从两个方面来认识。一是社会主义核心价值观涵盖了我们党的全部精神谱系，而极为丰富的党的精神谱系的源头正是五四精神。我们党的精神谱系以不同主题概括为许多系列，如以人物、事件、地点、时间、历史等命名的各种精神系列。在这各种精神系列中，就其历史渊源而言，都是因为有了五四运动孕育了中国共产党的诞生，然后才有其他。因此，社会主义核心价值观的内涵之源在五四运动产生的五四精神。二是五四精神内涵本身已被包括在社会主义核心价值观的内涵之中了。有的名列其中，如爱国、民主；有的化于其中，如进步、科学。五四精神的内涵是在2009年纪念五四运动90周年时明确的。社会主义核心价值观的内涵是在3年后党的十八大形成共识的。从这方面看，也可以将五四精神视为社会主义核心价值观的历史源头。

在纪念五四运动100周年之际，强调坚持和弘扬社会主义核心价值观非常重要。纪念五四运动95周年时，习近平总书记第一次到北大讲话的主题就是"青年要自觉践行社会主义核心价值观"。他指出:"我们要在全社会牢固树立社会主义核心价值观,全体人民一起努力,通过持之以恒的奋斗,把我们的国家建设得更加富强、更加民主、更加文明、更加和谐、更加美丽,让中华民族以更加自信、更加自强的姿态屹立于世界民族之林。"2018年纪念五四运动99周年时,他第二次到北大讲话也强调了这个问题:"要坚持不懈培育和弘扬社会主义核心价值观,引导广大师生做社会主义核心价值观的坚定信仰者、积极传播者、模范践行者。"

(资料来源:石仲泉.五四精神历史地位和当代价值.(2019-04-29)[2019-05-20].http://theory.people.com.cn/n1/2019/0429/c40531-31056336.html.)

三、践行爱国初心,争做时代先锋

造就时代新人需要大力弘扬五四精神。建设什么样的社会、实现什么样的目标,人是决定性因素,习近平总书记在十九大报告中提出培养担当民族复兴大任的时代新人的要求。五四运动是一场以先进青年知识分子为先锋、广大人民群众参加的彻底反帝反封建的伟大爱国革命运动,揭示了培养时代新人的要求。

(一)新时代需要大力践行五四精神

要加强爱国主义教育。在国家山河破碎、主权丧失、民族危亡之际,广大青年知识分子将自己的命运与祖国命运紧密结合起来,以强烈的历史责任感和使命感,高高举起爱国主义的旗帜,不畏强权和牺牲,引领激发了广大人民群众的爱国主义情怀。在新时代,为实现建设社会主义强国和民族伟大复兴的目标,就需要传承和弘扬爱国主义精神,号召人们尤其是青年以国家富强、人民幸福为己任,自觉增强"四个意识",在实现中国梦的伟大实践中创造有意义的人生。

要发扬民主科学精神。五四运动时期青年学生反对愚昧追求科学,反对专制追求民主,掀起了一场空前的思想解放运动,极大地推动了中国现代化的进程。为实现"两个一百年"奋斗目标和建设现代化强国,就需要弘扬民主、科学精神,特别是要深入学习和践行习近平新时代中国特色社会主义思想,以锲而不舍、自强不息的奋斗精神投入到社会主义现代化建设的实践中。

要强化创新意识。五四运动中青年学生立足时代潮头,敢于打破和摒弃一切旧观念、旧思维、旧传统的禁锢,勇于接受新事物,展现了强烈的创新进取精神。当前,面对世界经济复苏乏力、局部冲突和动荡频发、全球性问题加剧的外部环境以及我国经济结构转型、社会主要矛盾转化等诸多问题和挑战,迫切需要大力弘扬五四运动中蕴含的创新精神,增强创新意识和创新能力,为建设社会主义现代化强国提供有力支撑和持续发展动力。

站在一个新的历史起点上,党和人民对青年寄予无限希望,广大青年要继续弘扬五四精神,争做新时代的先锋!五四运动将近代以来中华民族爱国热情推向了一个新高潮,拉开了新民主主义革命的历史大幕。五四时期的爱国青年,为了维护国家民族利益挺身而出,肩负着反帝反封建的伟大任务,与工人阶级一起,在爱国精神的引领之下,与帝国主义做了坚决的斗争,并取得了这次运动的伟大胜利。这种爱国主义,在今天,仍然是我们捍卫国家主权和安全、推进中国发展的强大精神动力。新时代的爱国主义是社会主义核心价值观的重要内容,是实现中华民族伟大复兴中国梦的精神力量。在弘扬爱国主义的过程中,我们要以习近平新时代中国特色社会主义思想为指导,突出新时代爱国主义教育的主题,更好地凝聚起广大人民群众发展伟大事业的精神力量。

(二)新时代弘扬五四精神的路径

继承和弘扬五四精神,要始终坚定跟党走的政治信念。青年要始终保持先进性,坚定跟党走,不忘初心,这是广大青年的政治选择,也是广大青年的人生航向。在新的历史条件下,广大青年要坚持用马克思主义中国化的最新成果武装头脑,坚定跟党走的信心和决心,不管什么时候,都要心中有党、心中有民、心中有责、心中有戒,在思想上、行动上要言行一致,高举建设中国特色社会主义伟大旗帜,时刻保持积极向上的学习、工作状态和人生心态,投身到全面建成社会主义小康社会的行列中,努力成长为有理想、有道德、有文化、有纪律的青年。

继承和弘扬五四精神,要牢记使命、爱岗敬业。国家民族的未来在青年,党的事业的希望在青年。新时代,青年要继承、发扬五四精神,不断创造无愧于党和国家、无愧于人民、无愧于时代的崭新业绩,不辱历史使命。无论在哪个岗位,无论做什么样的工作,都要热爱自己的事业,牢记自己的使命,敢于担当。同时,要把创新热情与本职工作结合起来,努力做到有所发现,有所创造,有所前进,发扬苦干实干拼命干的精神,在我国社会发展的伟大实践中实现自己的人生价值。

继承和弘扬五四精神,就是要不断地加强学习、提高素质。社会发展需要高素质的青年建设大军,青年要充分利用好今天的大好时光和优越条件,树立终身学习的观念,在学习工作中,发扬"明知山有虎偏向虎山行"的不屈不挠精神,不断提高自身思想理论水平和服务大局的能力,使自身的知识储备、理论素养和工作能力适应时代发展的要求。

今天,我们大力弘扬五四精神,就是要将自己的命运与国家的命运紧密相连,将个人的追求融入民族的共同理想,在推动改革开放和现代化进程中,做一个信仰坚定的爱国者,做一个艰苦奋斗的建设者,做一个新时代的青年先锋!

2019年是新中国成立70周年,从曾经的"闭关锁国"到现在的"一带一路"倡议,从曾经的一穷二白到现在的全面建成小康社会,党领导下的祖国正发生着翻天覆地、日新月异的变化,中国一跃成为世界第二大经济体,这是整个中华民族团结一心、不懈奋斗的结果。青春,除了年龄,更应该是一种壮志雄心的年轻心态、担当奋斗的实干英姿。弘扬五四精神,是为了汲取更大的力量,是为了更坚定前进的方向,"行百里者半九十",青年要怀揣一颗初心,以昂扬的姿态去披荆斩棘、迎难而上,为实现中华民族伟大复兴奋斗!习近平总书记在纪念五四运动100周年大会上的讲话指出:"新时代中国青年运动的主题,新时代中国青年运动的方向,新时代中国青年的使命,就是坚持中国共产党领导,同人民一道,为实现'两个一百年'

奋斗目标、实现中华民族伟大复兴的中国梦而奋斗。"①广大青年要准确把握习近平总书记对新时代中国青年弘扬五四精神的要求,大力发扬五四精神,把树立远大理想和脚踏实地统一起来,担负起时代赋予的光荣使命,汇聚起奋进伟大复兴征程的磅礴青春力量。

1. 五四运动的精神实质是什么?
2. 新时代如何弘扬五四精神?

参考文献

[1] 杨世伟.五四精神的时代价值与传承弘扬.重庆理工大学学报(社会科学),2019(5): 141-149.

[2] 习近平.在纪念五四运动100周年大会上的讲话.(2019-04-30)[2019-05-20].http://www. xinhuanet.com/politics/leaders/2019-04/30/c_1124440193.htm.

[3] 谢石生.民族伟大复兴必须弘扬五四精神.(2019-04-30)[2019-05-20].http://theory.people. com.cn/n1/2019/0430/c40531-31059099.html.

[4] 李玉琦.认真把握五四精神的本质.(2019-04-29)[2019-05-20].http://theory.people.com. cn/n1/2019/0429/c40531-31056251.html.

[5] 齐枭博.弘扬五四精神 传承爱国情怀.黑龙江日报,2019-05-06(3)[2019-05-20].http:// epaper.hljnews.cn/hljrb/20190506/419659.html.

[6] 石仲泉.五四精神历史地位和当代价值.(2019-04-29)[2019-05-20].http://theory.people. com.cn/n1/2019/0429/c40531-31056336.html.

[7] 习近平.青年要自觉践行社会主义核心价值观:在北京大学师生座谈会上的讲话.(2014- 05-05)[2019-04-29].http://www.xinhuanet.com/politics/2014-05/05/c_1110528066.htm.

[8] 习近平.在北京大学师生座谈会上的讲话.(2018-05-03)[2019-04-29].http://www.xin - huanet.com/2018/05/03/c_1122774230.htm.

[9] 习近平.在纪念马克思诞辰200周年大会上的讲话.(2018-05-04)[2019-04-29].http:// www.xinhuanet.com/politics/leaders/2018-05/04/c_1122783997.htm.

[10] 习近平.在庆祝改革开放40周年大会上的讲话.人民日报(海外版),2018-12-19(3) [2019-04-29].http://paper.people.cn/rmrbhwb/html/2018-12/19/content_1899631.htm.

[11] 张正光.新时代需要大力弘扬五四精神.安徽日报,2019-04-30(6)[2019-05-20].http:// app.ahrb.com.cn/ahrb/layout/201904/30/node_06.html#c98678.

[12] 李炜.新时代弘扬五四精神的时代之答.宁波日报,2019-05-09(8)[2019-05-20].http:// daily.cnnb.com.cn/nbrb/html/2019-05/09/content_1164367.htm?div=-1.

---

① 习近平.在纪念五四运动100周年大会上的讲话.(2019-04-30)[2019-05-20].http://www.xinhuanet.com/politics/ leaders/2019-04/30/c_1124440193.htm.

第三讲 大国外交与"一带一路"

一、中欧"和合之道"增进东西方互信
二、回望"一带一路"新成果
三、推动构建人类命运共同体

党的十八大以来我国的一系列重大外交行动,体现了习近平总书记大国外交的新理念新思想新战略,反映出我国外交的新特点。习近平总书记提出建立以合作共赢为核心的新型国际关系,倡导命运共同体理念,提出共同建设"丝绸之路经济带"、21世纪"海上丝绸之路"倡议,鲜明而具体地推进我国合作共赢理念;同时提出广交朋友,广结善缘,周边外交坚持与邻为善、以邻为伴,坚持睦邻、安邻、富邻,突出体现亲、诚、惠、容的理念,充分显示出我国博大和自信的胸怀。

一、中欧"和合之道"增进东西方互信

2019年3月21日至26日,国家主席习近平应邀对意大利、摩纳哥、法国进行国事访问,开启了2019年的首次出访行程。短短6天时间里,习主席足迹遍及5座欧洲城市,出席40余场活动,收获丰硕成果,在国际形势不确定不稳定因素增加的背景下,有力增进了东西方互信,进一步拓展了中欧之间的"和合之道"。

确保中欧关系稳定,对于筑牢世界和平的根基至关重要。法国和意大利是欧洲大国,也是与新中国建立外交关系较早的西方国家。摩纳哥虽然是小国,但长期积极发展对华关系,中国一贯坚持大小国家一律平等,将该国同样视为维护世界和平的伙伴。访问期间,习主席在与欧洲领导人会谈时明确指出,国际社会面临治理赤字、信任赤字、和平赤字、发展赤字四大挑战,破解这些难题需要秉持公正合理、互商互谅、同舟共济、互利共赢四大理念。

(一)习近平主席出访欧洲三国纪实

自亚欧大陆东端,沿古丝绸之路方向一路往西,飞越亚平宁半岛,南下西西里、北上法兰西。国家主席习近平2019年首次出访,来到了欧洲。

意大利、摩纳哥、法国。3月21日至26日,6天5夜,三国五城,出席40多场双多边活动,

话友谊、论责任、谈合作、谋发展……"我们对时间的理解，是以百年、千年为计。"①习近平主席这样对意大利总理孔特说。面对世界百年未有之大变局，中国同欧洲，赓续时间积淀的友谊，承载时代赋予的使命，为世界和平稳定，为全球发展繁荣，携手前行。

1.意大利，文艺复兴的摇篮

3月21日，国家主席习近平乘专机抵达罗马，开始对意大利进行国事访问。

3月22日上午，马塔雷拉总统在意大利总统府奎里纳莱宫为习近平主席举行盛大欢迎仪式。马蹄阵阵，踏响古道，在威武挺拔的意大利骑兵护卫下，习近平主席夫妇乘车抵达内庭广场。这是近10年来意大利首次在欢迎外国元首的仪式中安排马队迎接。

随后，国家主席习近平同意大利总统马塔雷拉举行会谈。老友相见，分外亲切。两位元首一同走进总统书房，促膝而谈。热烈欢迎习近平主席，意中保持密切高层交往，充分显示了两国关系的高水平。习近平主席在会谈中指出："我赞同总统先生提出的意中应该做利益包容、共同发展的伙伴，中方愿同意方加强全面战略伙伴关系。双方要强化理念沟通，巩固政治互信，继续在涉及彼此核心利益和重大关切问题上相互理解和支持，密切政府、立法机构、政党交流合作。双方要打造合作亮点，携手共建'一带一路'，加强发展战略对接和务实合作规划。"②

习近平主席和马塔雷拉总统一道会见出席中意企业家委员会、中意第三方市场合作论坛、中意文化合作机制会议的双方代表。习近平主席强调："明年是中意建交50周年，两国将互办文化旅游年，各领域合作将迎来新的机遇。中方愿同意大利各界一道努力，推动两国关系在互利共赢大路上行稳致远，为促进中欧互联互通乃至世界发展繁荣作出新的贡献。希望中意企业界、文化界人士在各自领域为两国合作贡献更多智慧和力量。"③

3月23日，中意双方再次在奎里纳莱宫进行会谈。会谈后，两国领导人共同见证签署和交换中意关于共同推进"一带一路"建设的谅解备忘录、关于中国流失文物返还等双边合作文件。两国领导人还一起参观了意大利查获并返还中方的中国流失文物。

随后，马塔雷拉总统特意为即将结束访问的习近平主席安排了隆重的欢送仪式。一本记录这次访问的纪念相册送到习近平主席手中，一个个难忘瞬间成为中意友谊的新见证。

2.摩纳哥，地中海岸的明珠

3月24日，国家主席习近平抵达法国尼斯，随后乘车前往摩纳哥进行国事访问。

从古朴的街道到繁忙的港口，中摩两国国旗迎风招展。一尊可爱的大熊猫雕塑矗立在街心花园，独具魅力的"袖珍之国"用浓郁的中国元素欢迎中国国家元首首次到访。

①霍小光，郝薇薇.行久以致远:习近平主席2019年首访赴欧洲三国纪实.人民日报，2019-03-28(1)[2019-05-29].http://paper.people.com.cn/rmrb/html/2019-03/28/nw.D110000renmrb_20190328_5-01.htm.

②赵嘉鸣，杜尚泽.习近平同意大利总统举行会谈.人民日报(海外版)，2019-03-23(1)[2019-05-29].http://paper.people.com.cn/rmrbhwb/html/2019-03/23/content_1915327.htm.

③李建敏，蒋国鹏.习近平和意大利总统马塔雷拉共同会见出席中意企业家委员会、中意第三方市场合作论坛、中意文化合作机制会议代表.(2019-03-23)[2019-05-29].http://www.xinhuanet.com/world/2019-03/23/c_1124271757.htm.

2018年9月访华期间,阿尔贝二世亲王向习近平主席发出访摩邀请。对于这个国土面积只有2平方公里、人口不到4万人的国家,习近平主席这次访问,无疑是对中国所奉行的大小国家一律平等外交理念的生动诠释。

"没有想到习主席这么快就能来访问,对我来说,这是极大的荣幸。"面对媒体,阿尔贝二世亲王表达了内心的想法。

融合多种建筑风格的摩纳哥王宫雄浑大气。王宫里,王室珍藏的中式家具格外醒目。阿尔贝二世亲王将习近平主席请进挂满格里马尔迪王朝历代国王肖像的家族厅,介绍家族历史,畅叙国情怀。习近平主席说:"很高兴应亲王殿下邀请对摩纳哥公国进行国事访问。这是中国国家主席首次访问摩纳哥。我们两国相似的民族性格和共同的精神追求,使得我们相知相亲。中摩建交20多年来,双方始终真诚友好、平等相待。当前,中摩双边关系稳步发展,务实合作与时俱进,尤其是在环保、电信、移动支付等新领域走在中欧合作前列。中摩关系已成为不同大小、不同历史文化、不同社会制度国家友好交往的典范。我同亲王殿下在半年内实现互访,体现着中摩关系的高水平。双方要牢牢把握双边关系的正确方向,不断巩固传统友谊和政治互信,加强在联合国和国际事务中的沟通协调和相互支持。双方要坚持开放合作,深化互利共赢。中方欢迎摩方积极参与共建"一带一路"国际合作。双方要提升两国环保合作水平。中方欢迎亲王基金会在中国开展环保公益行动,不断丰富人文交流内涵。"①

3.法国,拥有独特文明的国度

时隔5年,习近平主席再次对法国进行国事访问,首站安排在法国南部滨海城市尼斯。

3月24日,国家主席习近平在尼斯会见法国总统马克龙。马克龙总统夫妇专程从巴黎赶来,在具有古希腊建筑风格的海燕别墅同习近平主席亲切会面,共进晚餐。

马克龙总统向习近平主席介绍欧洲的文艺复兴和开放精神,习近平主席对马克龙总统讲起中法两国冲破冷战藩篱、打开交往大门的友好历史。两位元首纵论古今,意犹未尽,晚宴比原定时间延长了一个多小时。马克龙总统连夜赶回巴黎,为在首都迎接习近平主席再做准备。

3月25日,当习近平主席专机从尼斯飞赴巴黎时,两架法国空军战机全程护航。为了体现不一样的安排,马克龙总统将欢迎仪式放在凯旋门举行。法兰西共和国卫队和陆海空三军仪仗队英姿挺拔,激昂的军乐从星形广场传向四方。在摩托车队护卫下,习近平主席乘车前往爱丽舍宫,100多名法兰西共和国卫队骑兵整齐列队、夹道欢迎。

爱丽舍宫总统办公室里气氛融洽,两位元首亲切交谈。习近平主席指出:"今年是一个具有特殊纪念意义的年份,既是中法建交55周年和中国留法勤工俭学运动100周年,也是新中国成立70周年。知古可以鉴今,为了更好前行。当今世界正经历百年未有之大变局,人类处在何去何从的十字路口,中国、法国、欧洲也都处于自身发展关键阶段。中方愿同法方一道,传承历史,开创未来,使紧密持久的中法全面战略伙伴关系继续走在时代前列,共同为

---

①陈赟,许林贵.习近平同摩纳哥亲王阿尔贝二世举行会谈.(2019-03-25)[2019-05-29].http://www.xinhuanet.com/world/2019-03/25/c_1124275911.htm.

建设一个持久和平、普遍安全、共同繁荣、开放包容、清洁美丽的世界作出更多历史性贡献。"①

3月26日,国家主席习近平在法国巴黎同出席中法全球治理论坛闭幕式的欧洲领导人进行会晤。习近平主席说:"当前国际形势中不稳定不确定因素突出,保护主义抬头。中方愿同各方一道,坚持维护多边主义,推进完善全球治理,共同应对全球性挑战。中国和欧洲是国际上两大重要力量,是世界多极化、经济全球化进程的重要参与者和塑造者,拥有广泛共同利益。中欧要从三个方面携手努力。一是共同维护多边主义。我们要维护联合国的地位和权威,维护以联合国为核心的国际体系。中方愿同欧方加强在联合国框架内的交流合作,在推动政治解决国际争端、应对气候变化、促进可持续发展等方面积极有所作为。二是促进亚欧大陆繁荣发展。中方愿继续推动共建'一带一路'倡议同欧盟'欧亚互联互通战略'对接,既推动双边合作,又推动第三方市场合作,实现各方互利共赢。三是增进双方战略互信。中国一向视欧盟为战略合作伙伴,支持欧盟团结、稳定、繁荣。中欧共同利益远多于分歧,双方应带头高举和平发展、合作共赢的大旗,做大合作蛋糕。中方愿同欧洲国家一道促进中欧关系发展。"②

习近平主席在会见德国总理默克尔时指出:"当前国际形势中不稳定性不确定性上升,但中德务实合作仍保持稳定发展势头。2018年中国连续第三年保持德国全球最大贸易伙伴,德国企业对华实际投资增长近140%。我们已经确定了继续深化改革、扩大开放,推进经济高质量发展的目标和思路。中国坚持开放的决心是坚定的,对推进和扩大对德和对欧合作也是有诚意的。中方愿同德方一道努力,继续做大做实中德合作的基本盘,更好造福两国人民。"③

习近平主席在中法全球治理论坛闭幕式上说:"中法同为全球治理的重要参与者,在维护世界和平安全稳定、维护多边主义和自由贸易、支持联合国发挥积极作用等重大问题上有着广泛政治共识和坚实合作基础。中法两国坚持互尊互信、平等相待、开放包容、互利共赢,共同维护国际关系基本准则,共同推进全球治理完善,成为维护世界和平稳定、促进人类文明进步的重要力量。……面对严峻的全球性挑战,面对人类发展在十字路口何去何从的抉择,各国应该有以天下为己任的担当精神,积极做行动派、不做观望者,共同努力把人类前途命运掌握在自己手中。第一,坚持公正合理,破解治理赤字。……第二,坚持互商互谅,破解信任赤字。……第三,坚持同舟共济,破解和平赤字。……第四,坚持互利共赢,破解发展赤字。……"④

3月26日,国家主席习近平结束对法国的国事访问。离开巴黎前,习近平主席和夫人彭

① 刘仲华,李琰. 习近平同法国总统马克龙会谈. 人民日报(海外版),2019-03-26(1)[2019-05-29].http://paper.people.com.cn/rmrbhwb/html/2019-03/26/content_1915872.htm.

② 骆珺,蒋国鹏. 习近平同出席中法全球治理论坛闭幕式的欧洲领导人举行会晤.(2019-03-27)[2019-05-29].http://www.xinhuanet.com/world/2019/03/27/c_1124286654.htm.

③ 骆珺,徐壮志. 习近平会见德国总理默克尔.(2019-03-26)[2019-05-29].http://www.xinhuanet.com/world/2019-03/26/c_1124286462.htm?agt=1573.

④ 习近平. 为建设更加美好的地球家园贡献智慧和力量:在中法全球治理论坛闭幕式上的讲话.(2019-03-26)[2019-05-29].http://www.xinhuanet.com/politics/2019/03/26/c_1124286585.htm.

丽媛出席法国总统马克龙夫妇在爱丽舍宫举行的隆重欢送仪式。

(二)出访欧洲成果收获

1.合作篇

位于罗马城郊的马达马别墅是在16世纪由意大利艺术家拉斐尔主持建造的,开创了文艺复兴时期的建筑新风格。数百年后,这座古朴的建筑又一次参与了历史的创造。

3月23日,在习近平主席和意大利总理孔特共同见证下,中意双方代表正式签署关于共同推进"一带一路"建设的谅解备忘录。代表意方签字的意大利副总理兼经济发展部部长迪马约随后发表讲话说:"这份文件对意大利非常重要,意大利是七国集团中第一个签署这一合作文件的国家!"习近平主席同孔特总理一道见证签署和交换19份政府间合作文件、10份商业协议。从电子商务、卫生医疗、能源电力到电磁监测卫星02星项目、西西里产柑橘对华出口,中意合作多姿多彩。

马塔雷拉总统表示,意大利支持习近平主席倡导的"一带一路"倡议,相信这将有利于欧亚大陆互联互通和共同发展。孔特总理说,很高兴抓住历史机遇参与共建"一带一路",他期待着出席2019年4月在北京召开的第二届"一带一路"国际合作高峰论坛。

在摩纳哥,两国元首的交谈内容从科技创新到可再生能源,从野生动物保护到2022年北京冬奥会,话题广泛。习近平主席特别提到环保、电信、移动支付等合作新领域。在这些方面,中摩走在中欧合作前列。

在法国,习近平主席和马克龙总统共同见证14份双边合作文件的交换。其中,既有核能、航空航天等传统领域,也有科技、金融、农业、生态、文化体育等新兴领域。马克龙总统再次重申对中国投资的欢迎态度。

马克龙总统说,法中全面战略伙伴关系的基调是合作。他多次表达同中方开展"一带一路"务实合作的意愿。同习近平主席共见记者时,他特别提到去年访华将西安作为访问首站的用意:"西安也是古丝绸之路的一端。我认为,中国和欧洲交汇,有益于整个世界。通过这几天跟习主席的交流,我对此更加深信不疑。"马克龙总统将派高级代表出席第二届"一带一路"国际合作高峰论坛。

数据为领导人决策提供了重要支撑。下面以2018年数据为例。在全球贸易整体疲弱的背景下,中意双边贸易额达到542.4亿美元,同比增长9.1%,比2004年两国建立全面战略伙伴关系时的157亿美元增长了约2.5倍。意大利已成为中国在欧盟内第五大贸易伙伴、第三大技术进口国、第四大出口市场和第五大进口来源地,中国则是意大利在亚洲的第一大贸易伙伴。中摩双边贸易额再创新高,达43.9亿美元,比上一年增长14.74%。中法双边贸易额达629亿美元,同比增长15.5%。法国是中国在欧盟内第四大贸易伙伴、第四大实际投资来源国、第二大技术引进国,中国是法国亚洲第一大、全球第六大贸易伙伴。

从"一带一路"倡议同意大利"北方港口建设""投资意大利计划"进行对接,到中意、中法第三方市场合作稳步推进;从法国参议院呼吁法国在"一带一路"建设中发挥积极作用,到意大利政府成立"中国事务工作组"……互利共赢、共同发展的中国方案,正在欧洲获得更多支持响应。

一份份合作文件、一个个合作项目,世界感受中国同世界开放合作的诚意与努力。

2.文明篇

文化交流、文明互鉴,贯穿习近平主席这次欧洲之行。

在习近平主席访意前夕,罗马国立住读学校中文国际理科高中的学生们给习近平主席写了一封信,分享学习中文的收获,表达对中国发展的赞叹。数日后,他们惊喜地收到了习近平主席的回信。一段寄语深深印刻在孩子们的心里:"你们立志促进中意青年思想对话和文化交流,促进中意人民友谊,我对此十分赞赏。希望你们做新时代的马可·波罗,成为中意文化交流的使者。"①

抵达意大利前夕,习近平主席在意大利《晚邮报》发表题为《东西交往传佳话 中意友谊续新篇》的署名文章,将中意两个伟大文明友好交往的故事娓娓道来:"早在两千多年前,古老的丝绸之路就让远隔万里的中国和古罗马联系在一起。汉朝曾派使者甘英寻找'大秦',古罗马诗人维吉尔和地理学家庞波尼乌斯多次提到'丝绸之国'。一部《马可·波罗游记》在西方掀起了历史上第一次'中国热'。"②

习近平主席讲到的这些历史典故,引发意大利参议长卡塞拉蒂的共鸣:"我赞同习近平主席对两国上千年传统友好交往的评价。意中都是文化大国,意方愿同中方加强文化、艺术、语言等交流合作,鼓励青年交往,增进相互理解。"

在习近平主席访意期间,一条条喜讯传回国内,令国人倍感振奋。在习近平主席和孔特总理共同见证下,中意双方代表交换了中国流失文物艺术品返还证书。汉代茧形壶、唐代陶骆驼、宋代黑釉瓷、清末至民国紫砂壶……漂泊海外的796件套中国文物将回家。中国杭州西湖和意大利维罗纳老城,中国云南红河哈尼梯田和意大利皮埃蒙特葡萄园,两对世界遗产地正式开展"结对"合作。

精致典雅的摩纳哥王宫蓝厅,童声清脆,动人心弦。摩纳哥夏尔三世初中的7名学生为远道而来的中国贵宾背诵唐诗《静夜思》,并演唱中国民歌《茉莉花》。夏尔三世初中开设中文课已有10余年时间,以语言为桥,孩子们爱上了中国,爱上了中华文化。

访问法国期间,习近平主席收到了马克龙总统赠送的一份特殊礼物——一本1688年出版的首部《论语导读》法文版原著。这部《论语导读》原著仅有两本存世,另一本收藏在巴黎法国国立吉美亚洲艺术博物馆。

曾几何时,中国的丝绸瓷器成为欧洲宫廷的时尚,中国的传统文化为欧洲启蒙运动提供思想的滋养。

"伏尔泰、孟德斯鸠都深受孔子思想的影响。"听闻马克龙总统介绍,习近平主席说:"这个礼物很珍贵,我要把它带回去收藏在中国国家图书馆。"③

①习近平给意大利罗马国立住读学校师生回信.人民日报(海外版),2019-03-19(1)[2019-05-29].http://paper.people.com.cn/rmrbhwb/html/2019-03/19/content_1914370.htm.

②习近平.东西交往传佳话 中意友谊续新篇.人民日报,2019-03-21(1)[2019-05-29].http://paper.people.com.cn/rmrb/html/2019-03/21/nw.D110000renmrb_20190321_3-01.htm.

③霍小光,郝薇薇.行久以致远:习近平主席2019年首访赴欧洲三国纪实.人民日报,2019-03-28(1)[2019-05-29].http://paper.people.com.cn/rmrb/html/2019-03/28/nw.D110000renmrb_20190328_5-01.htm.

几个世纪前,欧洲兴起"中国热",见证了中华民族昔日的辉煌;今天,欧洲大陆又一次涌动"中国潮",昭示出中华民族伟大复兴的力量。

3月25日,国家主席习近平夫人彭丽媛在法国总统夫人布丽吉特陪同下参观位于巴黎市第九区的法国巴黎歌剧院。彭丽媛先后参观了歌剧厅和舞蹈排练厅,欣赏男中音和女高音歌唱家演唱《魔笛》《剧院经理》《唐璜》等莫扎特经典歌剧选段。随后,彭丽媛和布丽吉特一同走上舞台,同演员们亲切交流。彭丽媛表示:"中法都是文化底蕴深厚的艺术大国,两国艺术交往历史源远流长。希望两国艺术家加强交流和交往,为丰富中法人文交流内涵、增进两国人民感情和友谊发挥更大作用。"①

访法期间,国家主席习近平夫人、联合国教科文组织促进女童和妇女教育特使彭丽媛还应联合国教科文组织邀请,出席在该组织巴黎总部举行的女童和妇女教育特别会议。联合国教科文组织总干事阿祖莱高度评价中国在促进女童和妇女教育方面取得的非凡成就,感谢彭丽媛教授作出的突出贡献。

2020年互办中意文化旅游年,2021年互办中法文化旅游年,以2022年北京冬奥会和2024年巴黎奥运会为契机加强中法两国体育文化领域合作……一项项合作计划,更显中欧文化交流的蒸蒸日上。

又踏层峰望眼开

2019年3月21日至26日,国家主席习近平应邀对意大利、摩纳哥、法国进行国事访问。行程结束之际,国务委员兼外交部部长王毅向随行记者介绍此访情况。

王毅说,时值春分,"两会"刚刚圆满闭幕。习近平主席飞赴欧洲,开启今年首访,引领中国同意大利、摩纳哥、法国关系迈上新的征程,推动共建"一带一路"在亚欧大陆开辟新的空间,为中欧全面战略伙伴关系注入新的动力。"又踏层峰望眼开"。面临世界百年未有之大变局,习近平主席此访致力于深化伙伴合作,致力于完善全球治理,致力于捍卫多边主义,体现了中国作为负责任大国的境界和担当,受到国内外舆论高度评价。

习近平主席在6天时间里到访罗马、巴勒莫、摩纳哥、尼斯、巴黎5座城市,密集出席40余场活动,同欧洲领导人共叙友好交往佳话,共谱全面合作新篇,共绘未来发展蓝图。此访是中央着眼当前国际形势作出的重大外交部署,是一次加深东西方关系的友谊之旅、合作之旅、开拓之旅,留下美好回忆,收获丰硕成果。

一、传承双边友好,深化互利共赢

王毅说,意大利、法国是大国,都是中国的全面战略伙伴;摩纳哥虽然不大,却是对华最友好的欧洲国家之一。此访是我国国家元首时隔10年再次访问意大利、首次访问摩纳哥,也是习近平主席时隔5年再次访问法国,推动中国同3国关系迈

---

①李忠发.彭丽媛参观法国巴黎歌剧院.(2019-03-26)[2019-05-29].http://www.xinhuanet.com/world/2019-03/26/c_1124281647.htm.

上新台阶。

巩固政治互信，引领双边关系走稳。

今年是中意全面战略伙伴关系建立15周年，明年两国将共同迎来建交50周年，双边关系发展面临重要机遇。习近平主席与马塔雷拉总统、孔特总理等一致同意，要密切高层交往，强化理念沟通，巩固政治互信，提升双边关系。中意发表加强全面战略伙伴关系的联合公报，强调双方愿本着相互尊重、互利共赢的精神，进一步推动中意全面战略伙伴关系发展。

法国是第一个同新中国正式建交的西方大国，今年正逢中法建交55周年。中法关系近年来保持高水平健康稳定发展。习近平主席向马克龙总统、菲利普总理等法方领导人强调，法国是最早同中国建立战略伙伴关系和开展战略对话、最早同中国开展民用核能合作的国家。中法关系要沿着正确道路走下去，政治互信是关键，务实合作是动力，国民感情是基础。双方一致同意要打造更加坚实、稳固、富有活力的中法全面战略伙伴关系，继续探索独立自主、相互理解、高瞻远瞩、互利共赢的大国相处之道。双方发表关于共同维护多边主义、完善全球治理的联合声明，针对当前国际社会面临的挑战发出一致声音。同时强调两国将在尊重国际法和国际关系基本准则基础上，推动构建相互尊重、公平正义、合作共赢的国际关系。

中摩建交20多年来，双方始终真诚友好，平等相待，与时俱进开展合作，走出了一条大小国家友好交往之道。摩纳哥元首阿尔贝二世亲王去年9月第10次访华，结下了不解的"中国情缘"。习近平主席对摩纳哥进行回访，开创了中摩友好合作新时代。两国元首商定，要牢牢把握双边关系的正确方向，坚持开放合作，深化互利共赢，不断丰富人文交流内涵，共同努力开创中摩关系更加美好的明天。

共建"一带一路"，带动务实合作走深。

王毅说，习近平主席走到哪里，"一带一路"的东风就吹向哪里，务实合作的果实就收获在哪里。此访欧洲，习近平主席来到了古丝绸之路的另一端，用"一带一路"接续新时代的亚欧大陆互联互通。

意大利政府作出参与共建"一带一路"的战略决定，体现出求真务实和远见卓识。习近平主席和马塔雷拉总统一致认为，中国和意大利作为古丝绸之路的两端，是共建"一带一路"的天然合作伙伴。孔特总理表示，"一带一路"合作是我们和中国最应开展的合作之一，将为意大利带来巨大机遇，他欣然同意出席将于下月在北京举行的第二届"一带一路"国际合作高峰论坛。中意签署共建"一带一路"合作谅解备忘录，为亚欧互联互通建设、为拓展"一带一路"全球合作增添新的动力。中意达成共识，将"一带一路"倡议与意方"北方港口建设""投资意大利计划"对接，深挖双方合作潜力。

法国是最早表达参与"一带一路"合作意愿的欧洲国家之一。一段时间以来，双方统筹推进共建"一带一路"和第三方市场合作，取得积极进展。习近平主席此访期间，中法签署第三方市场合作第三轮示范项目清单，并启动了第三方市场合作基金,合力打造两国"一带一路"合作支点。双方决定在传统战略性合作领域推进现有大项目合作,在科技创新、农业、金融等新兴领域加快战略对接和全方位合作,进一步深化两国产业利益融合。

中、法、德及欧盟领导人在巴黎会晤时也就共建"一带一路"进行了富有建设性的讨论,各方都显示了积极姿态。马克龙总统在中法全球治理论坛闭幕式上表示,中方提出的"一带一路"倡议具有重大意义,将为世界和平与发展发挥重要作用,欧盟愿将欧亚互联互通战略与"一带一路"深度对接,开展创新性合作。

中摩经贸合作具有务实、高效、灵活的特点。近年来,双方合作快速发展。两国企业在摩纳哥建成欧洲首个覆盖全国的5G网络,体现了双方坚持开放合作、深化互利共赢的共同意愿。习近平主席在与阿尔贝二世亲王会谈中,认真探讨了摩方结合自身区位和产业优势,积极参与到共建"一带一路"国际合作中来,同中方开展包括开拓第三方市场在内的多种形式合作。

访问期间,习近平主席分别和马塔雷拉总统、马克龙总统共同接见中意、中法企业家代表,鼓励他们为双边合作贡献更多力量和智慧。中国与意、法分别签署数十项合作文件,涉及金融、能源、农业、海运、航天、装备制造、基础设施建设、人工智能、电信、第三方市场合作等众多领域,充分显示出双方务实合作的巨大潜力。

弘扬传统友谊,促进人文交流走实。

王毅说,意大利和法国是欧洲文明的杰出代表,摩纳哥是地中海沿岸的璀璨明珠,中国和3国文化交相辉映,传统友谊历久弥新。

3国给予习近平主席最隆重热烈的接待,分别在意大利总统府、摩纳哥王宫、法国凯旋门举行盛大欢迎仪式。马塔雷拉总统专门在国宴后为习近平主席夫妇举行小型音乐会,邀请著名歌唱家波切利倾情演唱。马克龙总统夫妇专程赴尼斯为习近平主席夫妇举行小范围晚宴,向习近平主席赠送1688年法国出版的首部《论语导读》法文版原著,并在习近平主席夫妇离开法国之前,增加在爱丽舍宫举行隆重欢送仪式。阿尔贝二世亲王夫妇特意用中国特色古董饰品装饰王宫,为习近平主席夫妇举行宴会期间还安排摩学生背诵唐诗。意大利和法国派战机为习近平主席专机护航,安排礼宾马队、摩托车队为习近平主席车队沿途护卫。

习近平主席追溯中国和往访国家的特殊渊源和深厚友谊,从马可·波罗、伏尔泰传播交流中欧文化,到毛泽东主席和戴高乐将军作出中法建交的历史性决定,进一步加深了相互了解,拉近了彼此心灵。今年是中国留法勤工俭学运动100周年,中法举办系列纪念活动,掀起双方人文交流新高潮。中意、中法签订文化、体育、教育等领域合作文件,增进双方人民相互了解和友谊。意方决定向中方返还查获的中国流失文物,习近平主席与孔特总理一起参观了这些文物。中摩元首共同决定将双方体育、文化、旅游等领域交流合作推向深入。阿尔贝二世亲王积极支持中国办好北京2022年冬奥会。习近平主席欢迎阿尔贝二世亲王基金会在中国开展环保公益行动,不断丰富人文交流内涵。

王毅说，中意、中摩、中法关系历经国际风云变幻考验，已成为不同文化、不同制度、不同大小、不同发展阶段国家友好合作的典范。习近平主席此访是推动建设以合作共赢为核心的新型国际关系的一次重要实践。

二、推升中欧关系，应对全球挑战

王毅说，习近平主席此访超越同3国双边范畴。中欧领导人密切对话，就中欧关系和全球治理问题深入沟通协调，为维护多边主义注入信心，引起国际舆论高度关注。

筑牢发展中欧关系的重要基础。

习近平主席继去年底成功访问西班牙、葡萄牙之后，今年首访又来到欧洲，体现了中国外交对欧洲方向的高度重视。习近平主席同往访3国领导人以及专程赶赴巴黎的德国总理默克尔深入会谈，中、法、德及欧盟领导人还举行专门会晤，向世界发出了中欧加强战略互信、深化战略合作的鲜明信号。习近平主席剖析当今世界面临的百年变局，强调面对充满不确定性的国际局势，中欧关系应增强稳定性。指出中方重视欧洲的战略地位和作用，中欧都是维护多边主义、维护自由贸易的重要力量，强调中欧关系应具备战略性。呼吁对接共建"一带一路"倡议与欧盟的"欧亚互联互通战略"，提高亚欧互联互通水平，强调中欧关系应富有互惠性。欧方领导人表示，中国已成为全球性关键力量，欧盟愿从战略层面重视中国日益增强的影响，不断深化欧中关系，巩固彼此信任支持。加强欧中团结合作不仅符合双方共同利益，也将使这个世界更加平衡。

达成捍卫多边主义的重要共识。

欧洲是现行国际体系的重要发起者、建设者和参与者，当前又是多边主义的积极拥护者。习近平主席此访同欧洲领导人深入沟通，共商全球事务合作，就坚持多边主义、摒弃孤立和单边行径达成重要共识。习近平主席赞赏意大利和法国具有远见和独立自主精神，能在历史关键时刻作出正确选择，强调意、法、德作为具有全球影响的大国，中法作为安理会常任理事国，中欧作为多极化世界的两大力量，彼此之间有着广泛共同追求，也有着许多共同理念。中欧领导人一致同意加强在联合国系统的协调合作，充分发挥世界贸易组织、国际货币基金组织、世界银行、二十国集团、欧盟等全球和区域多边机制的建设性作用，在推动政治解决国际争端、应对气候变化、促进可持续发展等方面积极有所作为。这些共识顺应时代潮流，符合国际社会的普遍期待，为充满变数的世界注入了稳定性、确定性和可预期性。

提出完善全球治理的重要理念。

访法期间，习近平主席出席中法全球治理论坛并发表重要讲话，结合当前国际形势，阐明中国对全球治理的看法和主张。习近平主席鲜明指出国际社会正面临治理赤字、信任赤字、和平赤字、发展赤字四大挑战，提出破解这"四大赤字"需要秉持公正合理、互商互谅、同舟共济、互利共赢四大理念。强调要把互尊互信挺在前头，把对话协商利用起来，求同存异，聚同化异，增进战略互信，减少相互猜疑。重申要坚持共商共建共享的全球治理观,坚持以义为先、义利兼顾的正确义利观,秉持共同、综合、合作、可持续的新安全观,共同推动构建人类命运共同体,实现世界长久和平和共同发展。提出要坚持创新驱动、协同联动、公平包容,在此基础上打造富有活力的增长模式、开放共赢的合作模式、平衡普惠的发展模式,让各国人民共享经济全球化发展成果。欧方领导人赞赏中国在全球治理改革方面的引领作用,表示愿同中方进一步加强团结协作。

王毅说,习近平主席以政治家和战略家的宏大视野和战略思维,立足往访3国,面向欧洲和世界,坚定站在历史发展进步的正确一边,高举构建人类命运共同体旗帜,推进中欧关系,维护多边主义,引领全球治理变革,成为世界乱象中的中流砥柱。

三、传播中国故事,展望共同愿景

王毅说,今年是新中国成立70周年。中华人民共和国70年波澜壮阔的奋斗征程,13亿中国人民发生的巨大变化,是欧洲国家领导人抱有浓厚兴趣的话题,也是习近平主席最愿意阐述的中国故事。

解码中国道路的成功经验。

习近平主席回顾新中国成立70年来的伟大成就,并援引国际著名经济学家的话说,中国在人类历史上第一次做到了,在一个人的生命周期内生活水平提高了100倍,并且对世界人口和全球经济带来重要影响。习近平主席回应了国际社会最关心的问题,揭示了中国发展巨大成就的启迪:一是在中国共产党领导下,走出了适合中国国情的发展道路,即中国特色社会主义道路;二是坚定不移地进行改革开放,这是决定当代中国命运的关键一招,也是实现中华民族伟大复兴的关键一招;三是走和平发展道路,实现共同发展,构建人类命运共同体。欧方领导人纷纷祝贺中国发展取得的巨大成就,表示70年、特别是改革开放40年前后的中国对比令人印象极为深刻,欧方愿同中方加强对话沟通,进一步加深彼此了解,拓展务实合作。

分享中国发展的历史机遇。

习近平主席结合刚刚结束的中国"两会",向欧方领导人讲述了2018年中国经济克服多重挑战的出色表现;援引中国关税总水平、中国营商环境排名等大幅进步的权威数据,展现中国市场营商环境得到快速改善;介绍中国颁布《外商投资法》,强调要用法律手段更好保护知识产权和吸引外商投资。习近平主席指出,中国将继续推动全方位改革开放,促进贸易和投资自由化便利化,让欧洲朋友们更好地共享中国发展机遇。此访期间,习近平主席还积极引导欧方领导人客观理性看待中国发展和中国企业投资,体现双向开放的精神。欧方领导人表示,乐见中国取得更大发展,欧盟欢迎中方愿意分享发展机遇。欧方领导人还明确欢迎中国企业到欧洲国家投资兴业,表示不会采取针对特定企业的限制措施,愿意为包括中国在内的所有外国企业提供一个公平、开放、透明的营商环境。

访问期间,彭丽媛教授开展夫人外交,推动了我国与往访国的人文交流,展现了中国外交亲和的软实力。作为联合国教科文组织促进女童和妇女教育特使,彭丽媛教授应邀再次到访巴黎教科文组织总部,凸显中国积极参与国际教育、性别平等努力的负责任大国形象。

王毅最后说,习近平主席成功访问欧洲3国,拉开了今年中国外交大幕。2019年是中华人民共和国成立70周年,也是新中国外交70周年。"彩云长在有新天"。我们要在习近平外交思想指引下,全力办好第二届"一带一路"国际合作高峰论坛,持续推进全球伙伴关系建设,坚定维护世界和平稳定,深入参与引领全球治理,更加积极主动服务国内改革发展,为实现中华民族伟大复兴、促进人类和平与发展作出更大贡献。

（资料来源：又踏层峰望眼开.人民日报,2019-03-28(1)[2019-05-29].http://paper.people.com.cn/rmrbhwb/html/2019-03/28/content_1916301.htm.）

二、回望"一带一路"新成果[①]

2013年9月和10月,中国国家主席习近平在出访哈萨克斯坦和印度尼西亚时先后提出共建"丝绸之路经济带"和21世纪"海上丝绸之路"的重大倡议。中国政府成立了推进"一带一路"建设工作领导小组,并在中国国家发展改革委设立领导小组办公室。2015年3月,中国发布《推动共建丝绸之路经济带和21世纪海上丝绸之路的愿景与行动》;2017年5月,首届"一带一路"国际合作高峰论坛在北京成功召开;2019年4月,第二届"一带一路"国际合作高峰论坛在北京举行。中国还先后举办了博鳌亚洲论坛年会、上海合作组织青岛峰会、中非合作论坛北京峰会、中国国际进口博览会等。5年多来,共建"一带一路"倡议得到了越来越多国家和国际组织的积极响应,受到国际社会广泛关注,影响力日益扩大。

共建"一带一路"倡议源自中国,更属于世界;根植于历史,更面向未来;重点面向亚欧非大陆,更向所有伙伴开放。共建"一带一路"跨越不同国家地域、不同发展阶段、不同历史传统、不同文化宗教、不同风俗习惯,是和平发展、经济合作倡议,不是搞地缘政治联盟或军事同盟;是开放包容、共同发展进程,不是要关起门来搞小圈子或者"中国俱乐部";不以意识形态划界,不搞零和游戏,只要各国有意愿,都欢迎参与。共建"一带一路"倡议以共商共建共享为原则,以和平合作、开放包容、互学互鉴、互利共赢的丝绸之路精神为指引,以政策沟通、设施联通、贸易畅通、资金融通、民心相通为重点,已经从理念转化为行动,从愿景转化为现实,从倡议转化为全球广受欢迎的公共产品。

2018年8月,习近平主席在北京主持召开推进"一带一路"建设工作5周年座谈会,提出"一带一路"建设要从谋篇布局的"大写意"转入精耕细作的"工笔画",向高质量发展转变,造福沿线国家人民,推动构建人类命运共同体。

[①]本部分内容摘录自:推进"一带一路"建设工作领导小组办公室.共建"一带一路"倡议:进展、贡献与展望.(2019-04-22)[2019-05-29].http://www.gov.cn/xinwen/2019-04/22/content_5385144.htm.有删改。

2013年以来,共建"一带一路"倡议以政策沟通、设施联通、贸易畅通、资金融通和民心相通为主要内容扎实推进,取得明显成效,一批具有标志性的早期成果开始显现,参与各国得到了实实在在的好处,对共建"一带一路"的认同感和参与度不断增强。

(一)政策沟通

政策沟通是共建"一带一路"的重要保障,是形成携手共建行动的重要先导。5年多来,中国与有关国家和国际组织充分沟通协调,形成了共建"一带一路"的广泛国际合作共识。

1.共建"一带一路"倡议载入国际组织重要文件

共建"一带一路"倡议及其核心理念已写入联合国、二十国集团、亚太经合组织以及其他区域组织等有关文件中。2015年7月,上海合作组织发表了《上海合作组织成员国元首乌法宣言》,支持关于建设"丝绸之路经济带"的倡议。2016年9月,《二十国集团领导人杭州峰会公报》通过关于建立"全球基础设施互联互通联盟"倡议。2016年11月,联合国193个会员国协商一致通过决议,欢迎共建"一带一路"等经济合作倡议,呼吁国际社会为"一带一路"建设提供安全保障环境。2017年3月,联合国安理会一致通过了第2344号决议,呼吁国际社会通过"一带一路"建设加强区域经济合作,并首次载入"人类命运共同体"理念。2018年,中拉论坛第二届部长级会议、中国—阿拉伯国家合作论坛第八届部长级会议、中非合作论坛峰会先后召开,分别形成了中拉《关于"一带一路"倡议的特别声明》、《中国和阿拉伯国家合作共建"一带一路"行动宣言》和《关于构建更加紧密的中非命运共同体的北京宣言》等重要成果文件。

2.签署共建"一带一路"政府间合作文件的国家和国际组织数量逐年增加

在共建"一带一路"框架下,各参与国和国际组织本着求同存异原则,就经济发展规划和政策进行充分交流,协商制定经济合作规划和措施。截至2019年3月底,中国政府已与125个国家和29个国际组织签署173份合作文件。共建"一带一路"国家已由亚欧延伸至非洲、拉美、南太等区域。

3.共建"一带一路"专业领域对接合作有序推进

数字丝绸之路建设已成为共建"一带一路"的重要组成部分,中国与埃及、老挝、沙特阿拉伯、塞尔维亚、泰国、土耳其、阿联酋等国家共同发起《"一带一路"数字经济国际合作倡议》,与16个国家签署加强数字丝绸之路建设合作文件。中国发布《标准联通共建"一带一路"行动计划(2018—2020年)》,与49个国家和地区签署85份标准化合作协议。"一带一路"税收合作长效机制日趋成熟,中国组织召开"一带一路"税收合作会议,发布《阿斯塔纳"一带一路"税收合作倡议》,税收协定合作网络延伸至111个国家和地区。中国与49个沿线国家联合发布《关于进一步推进"一带一路"国家知识产权务实合作的联合声明》。中国组织召开"一带一路"法治合作国际论坛,发布《"一带一路"法治合作国际论坛共同主席声明》。中国组织召开"一带一路"能源部长会议,18个国家联合宣布建立"一带一路"能源合作伙伴关系。中国发布《共同推进"一带一路"建设农业合作的愿景与行动》《"一带一路"建设海上合作设想》等。中国推动建立了国际商事法庭和"一站式"国际商事纠纷多元化解决机制。

(二)设施联通

设施联通是共建"一带一路"的优先方向。在尊重相关国家主权和安全关切的基础上,由各国共同努力,以铁路、公路、航运、航空、管道、空间综合信息网络等为核心的全方位、多层次、复合型基础设施网络正在加快形成,区域间商品、资金、信息、技术等交易成本大大降低,有效促进了跨区域资源要素的有序流动和优化配置,实现了互利合作、共赢发展。

1.国际经济合作走廊和通道建设取得明显进展

新亚欧大陆桥、中蒙俄、中国—中亚—西亚、中国—中南半岛、中巴和孟中印缅等六大国际经济合作走廊将亚洲经济圈与欧洲经济圈联系在一起,为建立和加强各国互联互通伙伴关系,构建高效畅通的亚欧大市场发挥了重要作用。

(1)新亚欧大陆桥经济走廊。5年多来,新亚欧大陆桥经济走廊区域合作日益深入,将开放包容、互利共赢的伙伴关系提升到新的水平,有力推动了亚欧两大洲经济贸易交流。《中国—中东欧国家合作布达佩斯纲要》和《中国—中东欧国家合作索菲亚纲要》对外发布,中欧互联互通平台和欧洲投资计划框架下的务实合作有序推进。匈塞铁路塞尔维亚境内贝旧段开工。中国西部—西欧国际公路(中国西部—哈萨克斯坦—俄罗斯—西欧)基本建成。

(2)中蒙俄经济走廊。中蒙俄三国积极推动形成以铁路、公路和边境口岸为主体的跨境基础设施联通网络。2018年,三国签署《关于建立中蒙俄经济走廊联合推进机制的谅解备忘录》,进一步完善了三方合作工作机制。中俄同江—下列宁斯阔耶界河铁路桥中方侧工程已于2018年10月完工。中俄黑河—布拉戈维申斯克界河公路桥建设进展顺利。中俄企业联合体基本完成莫喀高铁项目初步设计。三国签署并核准的《关于沿亚洲公路网国际道路运输政府间协定》正式生效。中蒙俄(二连浩特)跨境陆缆系统已建成。

(3)中国—中亚—西亚经济走廊。5年多来,该走廊在能源合作、设施互联互通、经贸与产能合作等领域合作不断加深。中国与哈萨克斯坦、乌兹别克斯坦、土耳其等国的双边国际道路运输协定,以及中巴哈吉、中哈俄、中吉乌等多边国际道路运输协议或协定相继签署,中亚、西亚地区基础设施建设不断完善。中国—沙特投资合作论坛围绕共建"一带一路"倡议与沙特"2030愿景"进行产业对接,签署合作协议总价值超过280亿美元。中国与伊朗发挥在各领域的独特优势,加强涵盖道路、基础设施、能源等领域的对接合作。

(4)中国—中南半岛经济走廊。5年多来,该走廊在基础设施互联互通、跨境经济合作区建设等方面取得积极进展。昆(明)曼(谷)公路全线贯通,中老铁路、中泰铁路等项目稳步推进。中老经济走廊合作建设开始启动,泰国"东部经济走廊"与"一带一路"倡议加快对接,中国与柬老缅越泰(CLMVT)经济合作稳步推进。中国—东盟(10+1)合作机制、澜湄合作机制、大湄公河次区域经济合作(GMS)发挥的积极作用越来越明显。

(5)中巴经济走廊。以能源、交通基础设施、产业园区合作、瓜达尔港为重点的合作布局确定实施。中国与巴基斯坦组建了中巴经济走廊联合合作委员会,建立了定期会晤机制。一批项目顺利推进,瓜达尔港疏港公路、白沙瓦至卡拉奇高速公路(苏库尔至木尔坦段)、喀喇昆仑公路升级改造二期(哈维连—塔科特段)、拉合尔轨道交通橙线、卡西姆港1320兆瓦电站等重点项目开工建设,部分项目已发挥效益。中巴经济走廊正在开启第三方合作,更多国家已经或有意愿参与其中。

(6)孟中印缅经济走廊。5年多来,孟中印缅四方在联合工作组框架下共同推进走廊建设,在机制和制度建设、基础设施互联互通、贸易和产业园区合作、国际金融开放合作、人文交流与民生合作等方面研拟并规划了一批重点项目。中缅两国共同成立了中缅经济走廊联合委员会,签署了关于共建中缅经济走廊的谅解备忘录、木姐—曼德勒铁路项目可行性研究文件和皎漂经济特区深水港项目建设框架协议。

2.基础设施互联互通水平大幅提升

"道路通,百业兴。"基础设施投入不足是发展中国家经济发展的瓶颈,加快设施联通建设是共建"一带一路"的关键领域和核心内容。

(1)铁路合作方面。以中老铁路、中泰铁路、匈塞铁路、雅万高铁等合作项目为重点的区际、洲际铁路网络建设取得重大进展。泛亚铁路东线、巴基斯坦1号铁路干线升级改造、中吉乌铁路等项目正积极推进前期研究,中国—尼泊尔跨境铁路已完成预可行性研究。中欧班列初步探索形成了多国协作的国际班列运行机制。中国、白俄罗斯、德国、哈萨克斯坦、蒙古、波兰和俄罗斯等7国铁路公司签署了《关于深化中欧班列合作协议》。截至2018年底,中欧班列已经联通亚欧大陆16个国家的108个城市,累计开行1.3万列,运送货物超过110万标箱,中国开出的班列重箱率达94%,抵达中国的班列重箱率达71%。与沿线国家开展口岸通关协调合作、提升通关便利,平均查验率和通关时间下降了50%。

(2)公路合作方面。中蒙俄、中吉乌、中俄(大连—新西伯利亚)、中越国际道路直达运输试运行活动先后成功举办。2018年2月,中吉乌国际道路运输实现常态化运行。中越北仑河公路二桥建成通车。中国正式加入《国际公路运输公约》(TIR公约)。中国与15个沿线国家签署了包括《上海合作组织成员国政府间国际道路运输便利化协定》在内的18个双多边国际运输便利化协定。《大湄公河次区域便利货物及人员跨境运输协定》实施取得积极进展。

(3)港口合作方面。巴基斯坦瓜达尔港开通集装箱定期班轮航线,起步区配套设施已完工,吸引30多家企业入园。斯里兰卡汉班托塔港经济特区已完成园区产业定位、概念规划等前期工作。希腊比雷埃夫斯港建成重要中转枢纽,三期港口建设即将完工。阿联酋哈利法港二期集装箱码头已于2018年12月正式开港。中国与47个沿线国家签署了38个双边和区域海运协定。中国宁波航交所不断完善"海上丝绸之路航运指数",发布了16+1贸易指数和宁波港口指数。

(4)航空运输方面。中国与126个国家和地区签署了双边政府间航空运输协定。与卢森堡、俄罗斯、亚美尼亚、印度尼西亚、柬埔寨、孟加拉国、以色列、蒙古、马来西亚、埃及等国家扩大了航权安排。5年多来,中国与沿线国家新增国际航线1239条,占新开通国际航线总量的69.1%。

(5)能源设施建设方面。中国与沿线国家签署了一系列合作框架协议和谅解备忘录,在电力、油气、核电、新能源、煤炭等领域开展了广泛合作,与相关国家共同维护油气管网安全运营,促进国家和地区之间的能源资源优化配置。中俄原油管道、中国—中亚天然气管道保持稳定运营,中俄天然气管道东线将于2019年12月部分实现通气,2024年全线通气。中缅油气管道全线贯通。

(6)通信设施建设方面。中缅、中巴、中吉、中俄跨境光缆信息通道建设取得明显进展。中国与国际电信联盟签署《关于加强"一带一路"框架下电信和信息网络领域合作的意向书》。与吉尔吉斯斯坦、塔吉克斯坦、阿富汗签署丝路光缆合作协议,实质性启动了丝路光缆项目。

(三)贸易畅通

贸易畅通是共建"一带一路"的重要内容。共建"一带一路"促进了沿线国家和地区贸易投资自由化便利化,降低了交易成本和营商成本,释放了发展潜力,进一步提升了各国参与经济全球化的广度和深度。

1.贸易与投资自由化便利化水平不断提升

中国发起《推进"一带一路"贸易畅通合作倡议》,83个国家和国际组织积极参与。海关检验检疫合作不断深化,2017年5月首届"一带一路"国际合作高峰论坛以来,中国与沿线国家签署100多项合作文件,实现了50多种农产品食品检疫准入。中国和哈萨克斯坦、吉尔吉斯斯坦、塔吉克斯坦农产品快速通关"绿色通道"建设积极推进,农产品通关时间缩短了90%。中国进一步放宽外资准入领域,营造高标准的国际营商环境,设立了面向全球开放的12个自由贸易试验区,并探索建设自由贸易港,吸引沿线国家来华投资。中国平均关税水平从加入世界贸易组织时的15.3%降至目前的7.5%。中国与东盟、新加坡、巴基斯坦、格鲁吉亚等多个国家和地区签署或升级了自由贸易协定,与欧亚经济联盟签署经贸合作协定,与沿线国家的自由贸易区网络体系逐步形成。

2.贸易规模持续扩大

2013—2018年,中国与沿线国家货物贸易进出口总额超过6万亿美元,年均增长率高于同期中国对外贸易增速,占中国货物贸易总额的比重达到27.4%。其中,2018年,中国与沿线国家货物贸易进出口总额达到1.3万亿美元,同比增长16.4%。中国与沿线国家服务贸易由小到大,稳步发展。2017年,中国与沿线国家服务贸易进出口额达977.6亿美元,同比增长18.4%,占中国服务贸易总额的14.1%,比2016年提高1.6个百分点。世界银行研究组分析了共建"一带一路"倡议对71个潜在参与国的贸易影响,发现共建"一带一路"倡议将使参与国之间的贸易往来增加4.1%。

3.贸易方式创新进程加快

跨境电子商务等新业态、新模式正成为推动贸易畅通的重要新生力量。2018年,通过中国海关跨境电子商务管理平台零售进出口商品总额达203亿美元,同比增长50%,其中出口84.8亿美元,同比增长67.0%,进口118.7亿美元,同比增长39.8%。"丝路电商"合作蓬勃兴起,中国与17个国家建立双边电子商务合作机制,在金砖国家等多边机制下形成电子商务合作文件,加快了企业对接和品牌培育的实质性步伐。

(四)资金融通

资金融通是共建"一带一路"的重要支撑。国际多边金融机构以及各类商业银行不断探索创新投融资模式,积极拓宽多样化融资渠道,为共建"一带一路"提供稳定、透明、高质量的资金支持。

1.探索新型国际投融资模式

"一带一路"沿线基础设施建设和产能合作潜力巨大,融资缺口亟待弥补。各国主权基金和投资基金发挥越来越重要的作用。近年来,阿联酋阿布扎比投资局、中国投资有限责任公司等主权财富基金对沿线国家主要新兴经济体投资规模显著增加。丝路基金与欧洲投资基金共同投资的中欧共同投资基金于2018年7月开始实质性运作,投资规模5亿欧元,有力促进了共建"一带一路"倡议与欧洲投资计划相对接。

2.多边金融合作支撑作用显现

中国财政部与阿根廷、俄罗斯、印度尼西亚、英国、新加坡等27国财政部核准了《"一带一路"融资指导原则》。根据这一指导原则,各国支持金融资源服务于相关国家和地区的实体经济发展,重点加大对基础设施互联互通、贸易投资、产能合作等领域的融资支持。中国人民银行与世界银行集团下属的国际金融公司、泛美开发银行、非洲开发银行和欧洲复兴开发银行等多边开发机构开展联合融资,截至2018年底已累计投资100多个项目,覆盖70多个国家和地区。2017年11月,中国—中东欧银联体成立,成员包括中国、匈牙利、捷克、斯洛伐克、克罗地亚等14个国家的金融机构。2018年7月、9月,中国—阿拉伯国家银行联合体、中非金融合作银行联合体分别成立,建立了中国与阿拉伯国家之间、非洲国家之间的首个多边金融合作机制。

3.金融机构合作水平不断提升

在共建"一带一路"中,政策性出口信用保险覆盖面广,在支持基础设施、基础产业的建设上发挥了独特作用;商业银行在多元化吸收存款、公司融资、金融产品、贸易代理、信托等方面具有优势。截至2018年底,中国出口信用保险公司累计支持对沿线国家的出口和投资超过6000亿美元。中国银行、中国工商银行、中国农业银行、中国建设银行等中资银行与沿线国家建立了广泛的代理行关系。德国商业银行与中国工商银行签署合作谅解备忘录,成为首家加入"一带一路"银行合作常态化机制的德国银行。

4.金融市场体系建设日趋完善

沿线国家不断深化长期稳定、互利共赢的金融合作关系,各类创新金融产品不断推出,大大拓宽了共建"一带一路"的融资渠道。中国不断提高银行间债券市场对外开放程度,截至2018年底,熊猫债发行规模已达2000亿人民币左右。中国进出口银行面向全球投资者发行20亿人民币"债券通"绿色金融债券,金砖国家新开发银行发行首单30亿人民币绿色金融债,支持绿色丝绸之路建设。证券期货交易所之间的股权、业务和技术合作稳步推进。2015年,上海证券交易所、德意志交易所集团、中国金融期货交易所共同出资成立中欧国际交易所。上海证券交易所与哈萨克斯坦阿斯塔纳国际金融中心管理局签署合作协议,将共同投资建设阿斯塔纳国际交易所。

5.金融互联互通不断深化

已有11家中资银行在28个沿线国家设立76家一级机构,来自22个沿线国家的50家银行在中国设立7家法人银行、19家外国银行分行和34家代表处。2家中资证券公司在新加坡、老挝设立合资公司。中国先后与20多个沿线国家建立了双边本币互换安排,与7个沿线国家建立了人民币清算安排,与35个沿线国家的金融监管当局签署了合作文件。人民币国际支付、投资、交易、储备功能稳步提高,人民币跨境支付系统(CIPS)业务范围已覆盖近40个沿线国家和地区。中国—国际货币基金组织联合能力建设中心、"一带一路"财经发展研究中心挂牌成立。

(五)民心相通

民心相通是共建"一带一路"的人文基础。享受和平、安宁、富足,过上更加美好生活,是各国人民的共同梦想。5年多来,各国开展了形式多样、领域广泛的公共外交和文化交流,增进了相互理解和认同,为共建"一带一路"奠定了坚实的民意基础。

1.文化交流形式多样

中国与沿线国家互办艺术节、电影节、音乐节、文物展、图书展等活动,合作开展图书广播影视精品创作和互译互播。丝绸之路国际剧院、博物馆、艺术节、图书馆、美术馆联盟相继成立。中国与中东欧、东盟、俄罗斯、尼泊尔、希腊、埃及、南非等国家和地区共同举办文化年活动,形成了"丝路之旅""中非文化聚焦"等10余个文化交流品牌,打造了丝绸之路(敦煌)国际文化博览会、丝绸之路国际艺术节、海上丝绸之路国际艺术节等一批大型文化节会,在沿线国家设立了17个中国文化中心。中国与印度尼西亚、缅甸、塞尔维亚、新加坡、沙特阿拉伯等国签订了文化遗产合作文件。中国、哈萨克斯坦、吉尔吉斯斯坦"丝绸之路:长安—天山廊道的路网"联合申遗成功。"一带一路"新闻合作联盟建设积极推进。丝绸之路沿线民间组织合作网络成员已达310家,成为推动民间友好合作的重要平台。

2.教育培训成果丰富

中国设立"丝绸之路"中国政府奖学金项目,与24个沿线国家签署高等教育学历学位互认协议。2017年沿线国家3.87万人接受中国政府奖学金来华留学,占奖学金生总数的66.0%。香港、澳门特别行政区分别设立共建"一带一路"相关奖学金。在54个沿线国家设有孔子学院153个、孔子课堂149个。中国科学院在沿线国家设立硕士、博士生奖学金和科技培训班,已培训5000人次。

3.旅游合作逐步扩大

中国与多个国家共同举办旅游年,创办丝绸之路旅游市场推广联盟、海上丝绸之路旅游推广联盟、"万里茶道"国际旅游联盟等旅游合作机制。与57个沿线国家缔结了涵盖不同护照种类的互免签证协定,与15个国家达成19份简化签证手续的协定或安排。2018年中国出境旅游人数达1.5亿人次,到中国旅游的外国游客人数达3054万人次,俄罗斯、缅甸、越南、蒙古、马来西亚、菲律宾、新加坡等国成为中国主要客源市场。

4.卫生健康合作不断深化

自首届"一带一路"国际合作高峰论坛召开以来,中国与蒙古、阿富汗等国,世界卫生组织等国际组织,比尔及梅琳达·盖茨基金会等非政府组织相继签署了56个推动卫生健康合作的协议。2017年8月,"一带一路"暨健康丝绸之路高级别研讨会在北京召开,发布了《北京公报》。中国与澜沧江—湄公河国家开展艾滋病、疟疾、登革热、流感、结核病等防控合作，与中亚国家开展包虫病、鼠疫等人畜共患病防控合作，与西亚国家开展脊髓灰质炎等防控合作。中国先后派出多支眼科医疗队赴柬埔寨、缅甸、老挝、斯里兰卡等国开展"光明行"活动，派遣短期医疗队赴斐济、汤加、密克罗尼西亚、瓦努阿图等太平洋岛国开展"送医上岛"活动。在35个沿线国家建立了中医药海外中心，建设了43个中医药国际合作基地。

5.救灾、援助与扶贫持续推进

首届"一带一路"国际合作高峰论坛以来，中国向沿线发展中国家提供20亿人民币紧急粮食援助，向南南合作援助基金增资10亿美元，在沿线国家实施了100个"幸福家园"、100个"爱心助困"、100个"康复助医"等项目。开展援外文物合作保护和涉外联合考古，与6国开展了8个援外文物合作项目，与12国开展了15个联合考古项目。中国向老挝等国提供地震监测仪器设备，提高防震减灾能力。中国在柬埔寨、尼泊尔开展社会组织合作项目24个，助力改善当地民众生活。

（六）产业合作

共建"一带一路"支持开展多元化投资，鼓励进行第三方市场合作，推动形成普惠发展、共享发展的产业链、供应链、服务链、价值链，为沿线国家加快发展提供新的动能。

1.中国对沿线国家的直接投资平稳增长

2013—2018年，中国企业对沿线国家直接投资超过900亿美元，在沿线国家完成对外承包工程营业额超过4000亿美元。2018年，中国企业对沿线国家实现非金融类直接投资156亿美元，同比增长8.9%，占同期总额的13.0%；沿线国家对外承包工程完成营业额893亿美元，占同期总额的53.0%。世界银行研究表明，预计沿线国家的外商直接投资总额将增加4.97%，其中，来自沿线国家内部的外商直接投资增加4.36%，来自经济合作与发展组织国家的外商直接投资增加4.63%，来自非沿线国家的外商直接投资增加5.75%。

2.国际产能合作和第三方市场合作稳步推进

沿线国家加快发展产生了国际产能合作的巨大市场需求，中国积极响应并与相关国家推进市场化、全方位的产能合作，促进沿线国家实现产业结构升级、产业发展层次提升。目前中国已同哈萨克斯坦、埃及、埃塞俄比亚、巴西等40多个国家签署了产能合作文件，同东盟、非盟、拉美和加勒比国家共同体等区域组织进行合作对接，开展机制化产能合作。中国与法国、意大利、西班牙、日本、葡萄牙等国签署了第三方市场合作文件。

3.合作园区蓬勃发展

中国各类企业遵循市场化法治化原则自主赴沿线国家共建合作园区，推动这些国家借鉴中国改革开放以来通过各类开发区、工业园区实现经济增长的经验和做法，促进当地经济发展，为沿线国家创造了新的税收源和就业渠道。同时，中国还分别与哈萨克斯坦、老挝建立了中哈霍尔果斯国际边境合作中心、中老磨憨—磨丁经济合作区等跨境经济合作区，与其他国家合作共建跨境经济合作区的工作也在稳步推进。

三、推动构建人类命运共同体①

共建"一带一路"顺应了人类追求美好未来的共同愿望。国际社会越来越认同共建"一带一路"倡议所主张的构建人类命运共同体的理念,构建人类命运共同体符合当代世界经济发展需要和人类文明进步的大方向。共建"一带一路"倡议正成为构建人类命运共同体的重要实践平台。

共建"一带一路"倡议着眼于构建人类命运共同体,坚持共商共建共享原则,为推动全球治理体系变革和经济全球化作出了中国贡献。

(一)共商:从中国倡议到全球共识

共商就是"大家的事大家商量着办",强调平等参与、充分协商,以平等自愿为基础,通过充分对话沟通找到认识的相通点、参与合作的交汇点、共同发展的着力点。

(1)打造共商国际化平台与载体。2017年5月,首届"一带一路"国际合作高峰论坛在北京成功召开,29个国家的元首和政府首脑出席论坛,140多个国家和80多个国际组织的1600多名代表参会,论坛形成了5大类、76大项、279项具体成果,这些成果已全部得到落实。2019年4月,第二届"一带一路"国际合作高峰论坛继续在北京举办。"一带一路"国际合作高峰论坛已经成为各参与国家和国际组织深化交往、增进互信、密切往来的重要平台。2018年11月,首届中国国际进口博览会成功举办,172个国家、地区和国际组织参加,3600余家境外企业参展,4500多名政商学研各界嘉宾在虹桥国际经济论坛上对话交流,发出了"虹桥声音"。中国还举办了丝绸之路博览会暨中国东西部合作与投资贸易洽谈会、中国—东盟博览会、中国—亚欧博览会、中国—阿拉伯国家博览会、中国—南亚博览会、中国—东北亚博览会、中国西部国际博览会等大型展会,都成为中国与沿线各国共商合作的重要平台。

(2)强化多边机制在共商中的作用。共建"一带一路"顺应和平与发展的时代潮流,坚持平等协商、开放包容,促进沿线国家在既有国际机制基础上开展互利合作。中国充分利用二十国集团、亚太经合组织、上海合作组织、亚欧会议、亚洲合作对话、亚信会议、中国—东盟(10+1)合作机制、澜湄合作机制、大湄公河次区域经济合作、大图们倡议、中亚区域经济合作、中非合作论坛、中阿合作论坛、中拉论坛、中国—中东欧"16+1"合作机制、中国—太平洋岛国经济发展合作论坛、世界经济论坛、博鳌亚洲论坛等现有多边合作机制,在相互尊重、相互信任的基础上,积极同各国开展共建"一带一路"实质性对接与合作。

(3)建立"二轨"对话机制。中国与沿线国家通过政党、议会、智库、地方、民间、工商界、媒体、高校等"二轨"交往渠道,围绕共建"一带一路"开展形式多样的沟通、对话、交流、合作。中国组织召开了中国共产党与世界政党高层对话会,就共建"一带一路"相关议题深入交换意见。中国与相关国家先后组建了"一带一路"智库合作联盟、丝路国际智库网络、高校智库联盟等。英国、日本、韩国、新加坡、哈萨克斯坦等国都建立了"一带一路"研究机构,举办了

---

①本部分内容摘录自:推进"一带一路"建设工作领导小组办公室.共建"一带一路"倡议:进展、贡献与展望.

(2019-04-22)[2019-05-29].http://www.gov.cn/xinwen/2019-04/22/content_5385144.htm.有删改。

形式多样的论坛和研讨会。中外高校合作设立了"一带一路"研究中心、合作发展学院、联合培训中心等,为共建"一带一路"培养国际化人才。中外媒体加强交流合作,通过举办媒体论坛、合作拍片、联合采访等形式,提高了共建"一带一路"的国际传播能力,让国际社会及时了解共建"一带一路"相关信息。

(二)共建:共同打造和谐家园

共建就是各方都是平等的参与者、建设者和贡献者,也是责任和风险的共同担当者。

(1)打造共建合作的融资平台。由中国发起的亚洲基础设施投资银行自2016年开业以来,在国际多边开发体系中发挥越来越重要的作用,得到国际社会广泛信任和认可。截至2018年底,亚洲基础设施投资银行已从最初57个创始成员,发展到遍布各大洲的93个成员;累计批准贷款75亿美元,撬动其他投资近400亿美元,已批准的35个项目覆盖印度尼西亚、巴基斯坦、塔吉克斯坦、阿塞拜疆、阿曼、土耳其、埃及等13个国家。亚洲基础设施投资银行在履行自身宗旨使命的同时,也与其他多边开发银行一起,成为助力共建"一带一路"的重要多边平台之一。2014年11月,中国政府宣布出资400亿美元成立丝路基金,2017年5月,中国政府宣布向丝路基金增资1000亿人民币。截至2018年底,丝路基金协议投资金额约110亿美元,实际出资金额约77亿美元,并出资20亿美元设立中哈产能合作基金。2017年,中国建立"一带一路"PPP工作机制,与联合国欧洲经济委员会签署合作谅解备忘录,共同推动PPP模式更好运用于"一带一路"建设合作项目。

(2)积极开展第三方市场合作。共建"一带一路"致力于推动开放包容、务实有效的第三方市场合作,促进中国企业和各国企业优势互补,实现"1+1+1>3"的共赢。2018年,第一届中日第三方市场合作论坛和中法第三方市场合作指导委员会第二次会议成功举办。英国欣克利角核电等一批合作项目顺利落地,中国中车与德国西门子已经在一些重点项目上达成了三方合作共识。

(三)共享:让所有参与方获得实实在在的好处

共享就是兼顾合作方利益和关切,寻求利益契合点和合作最大公约数,使合作成果福及双方、惠泽各方。共建"一带一路"不是"你输我赢"或"你赢我输"的零和博弈,而是双赢、多赢、共赢。

(1)将发展成果惠及沿线国家。中国经济对世界经济增长的贡献率多年保持在30%左右。近年来,中国进口需求迅速扩大,在对国际贸易繁荣作出越来越大贡献的同时,拉动了对华出口的沿线国家经济增长。中国货物和服务贸易年进口值均占全球一成左右,2018年,中国货物贸易进口14.1万亿人民币,同比增长12.9%。2018年,中国对外直接投资1298.3亿美元,同比增长4.2%,对沿线国家的直接投资占比逐年增长。在共建"一带一路"合作框架下,中国支持亚洲、非洲、拉丁美洲等地区广大发展中国家加大基础设施建设力度,世界经济发展的红利不断输送到这些发展中国家。世界银行研究组的量化贸易模型结果显示,共建"一带一路"将使"发展中的东亚及太平洋国家"的国内生产总值平均增加2.6%至3.9%。

(2)改善沿线国家民生。中国把向沿线国家提供减贫脱困、农业、教育、卫生、环保等领域的民生援助纳入共建"一带一路"范畴。中国开展了中非减贫惠民合作计划、东亚减贫合作示范等活动。积极实施湄公河应急补水,帮助沿河国家应对干旱灾害,向泰国、缅甸等国提供防洪技术援助。中国与世界卫生组织签署关于"一带一路"卫生领域合作的谅解备忘录,实施中非公共卫生合作计划、中国—东盟公共卫生人才培养百人计划等项目。中国累计与沿线国家合作培养数千名公共卫生管理和疾病防控人员,累计为相关国家5200余名白内障患者实施免费复明手术。中国每年为周边国家近3万名患者提供优质医疗服务。中国中医药团队先后在柬埔寨、科摩罗、多哥、圣多美和普林西比、巴布亚新几内亚等国家实施快速清除疟疾方案。

(3)促进科技创新成果向沿线国家转移。中国与沿线国家签署了46个科技合作协定,先后启动了中国—东盟、中国—南亚等科技伙伴计划,与东盟、南亚、阿拉伯国家、中亚、中东欧共建了5个区域技术转移平台,发起成立了"一带一路"国际科学组织联盟。通过沿线国家青年科学家来华从事短期科研工作以及培训沿线国家科技和管理人员等方式,形成了多层次、多元化的科技人文交流机制。2018年,中国接收500名沿线国家青年科学家来华科研,培训科技和管理人员逾1200人次。中国积极开展航天国际合作,推动中国北斗导航系统、卫星通信系统和卫星气象遥感技术服务沿线国家建设。

(4)推动绿色发展。中国坚持《巴黎协定》,积极倡导并推动将绿色生态理念贯穿于共建"一带一路"倡议。中国与联合国环境规划署签署了关于建设绿色"一带一路"的谅解备忘录,与30多个沿线国家签署了生态环境保护的合作协议。建设绿色丝绸之路已成为落实联合国2030年可持续发展议程的重要路径,100多个来自相关国家和地区的合作伙伴共同成立"一带一路"绿色发展国际联盟。中国在2016年担任二十国集团主席国期间,首次把绿色金融议题引入二十国集团议程,成立绿色金融研究小组,发布《二十国集团绿色金融综合报告》。中国积极实施"绿色丝路使者计划",已培训沿线国家2000人次。中国发布《关于推进绿色"一带一路"建设的指导意见》《"一带一路"生态环境保护合作规划》等文件,推动落实共建"一带一路"的绿色责任和绿色标准。

1. 习近平出访欧洲三国有何意义?从合作与文化的角度谈一谈。

2. 梳理2019年"一带一路"相关的建设成果。

3. "一带一路"如何构建人类命运共同体?从共商、共建、共享三方面进行分析。

参考文献

[1] 习近平. 坚持亲、诚、惠、容的周边外交理念.(2015-07-21)[2019-05-29].http://cpc.people.com.cn/xuexi/n/2015/0721/c397563-27338114.html.

[2] 王恬. 奋力开拓中国特色大国外交新局面:访外交部部长王毅.(2017-08-30)[2019-05-29].http://theory.people.com.cn/n1/2017/0830/c40531-29502817.html.

[3] 江枫. 中欧"和合之道"增进东西方互信.(2019-03-27)[2019-05-29].http://opinion.cctv.com/2019/03/27/ARTI7p90KpLcvW3i0lEAvsnB190327.shtml.

[4] 霍小光,郝薇薇.行久以致远:习近平主席2019年首访赴欧洲三国纪实.人民日报,2019-03-28(1)[2019-05-29].http://paper.people.com.cn/rmrb/html/2019-03/28/nw.D110000renmrb_20190328_5-01.htm.

[5] 赵嘉鸣,杜尚泽.习近平同意大利总统举行会谈.人民日报(海外版),2019-03-23(1)[2019-05-29].http://paper.people.com.cn/rmrbhwb/html/2019-03/23/content_1915327.htm.

[6] 李建敏,蒋国鹏.习近平和意大利总统马塔雷拉共同会见出席中意企业家委员会、中意第三方市场合作论坛、中意文化合作机制会议代表.(2019-03-23)[2019-05-29].http://www.xinhuanet.com/world/2019-03/23/c_1124271757.htm.

[7] 陈赞,许林贵.习近平同摩纳哥亲王阿尔贝二世举行会谈.(2019-03-25)[2019-05-29].http://www.xinhuanet.com/world/2019-03/25/c_1124275911.htm.

[8] 刘仲华,李琰.习近平同法国总统马克龙会谈.人民日报(海外版),2019-03-26(1)[2019-05-29].http://paper.people.com.cn/rmrbhwb/html/2019-03/26/content_1915872.htm.

[9] 骆珺,蒋国鹏.习近平同出席中法全球治理论坛闭幕式的欧洲领导人举行会晤.(2019-03-27)[2019-05-29].http://www.xinhuanet.com/world/2019-03/27/c_1124286654.htm.

[10] 骆珺,徐壮志.习近平会见德国总理默克尔.(2019-03-26)[2019-05-29].http://www.xinhuanet.com/world/2019-03/26/c_1124286462.htm?agt=1573.

[11] 习近平.为建设更加美好的地球家园贡献智慧和力量:在中法全球治理论坛闭幕式上的讲话.(2019-03-26)[2019-05-29].http://www.xinhuanet.com/politics/2019-03/26/c_1124286585.htm.

[12] 习近平给意大利罗马国立住读学校师生回信.人民日报(海外版),2019-03-19(1)[2019-05-29].http://paper.people.com.cn/rmrbhwb/html/2019-03/19/content_1914370.htm.

[13] 习近平.东西交往传佳话 中意友谊续新篇.人民日报,2019-03-21(1)[2019-05-29].http://paper.people.com.cn/rmrb/html/2019-03/21/nw.D110000renmrb_20190321_3-01.htm.

[14] 李忠发.彭丽媛参观法国巴黎歌剧院.(2019-03-26)[2019-05-29].http://www.xinhuanet.com//world/2019-03/26/c_1124281647.htm.

[15] 又踏层峰望眼开.人民日报,2019-03-28(1)[2019-05-29].http://paper.people.com.cn/rmrbhwb/html/2019-03/28/content_1916301.htm.

[16] 推进"一带一路"建设工作领导小组办公室.共建"一带一路"倡议:进展、贡献与展望.(2019-04-22)[2019-05-29].http://www.gov.cn/xinwen/2019/04/22/content_5385144.htm.

第四讲　破解消费者维权难问题

一、消费者权益保护的立法及其原则

二、消费者的法律权利

三、经营者的法律义务

四、消费者的维权途径和方法

2019年4月9日,陕西西安一则女车主坐在奔驰车顶控诉维权的视频引发关注。事件起因系女车主王倩(化名)即将生日,为了庆祝,她于2月25日在西安利之星奔驰4S店分期购买了一辆奔驰车。3月27日,她和家人提了车,发现车辆发动机漏油,于是要求退款或换车,但利之星奔驰4S店却告知按照全国"三包"政策,只能换一台发动机。

双方多次交涉无果。4月9日,在4S店交涉依然无效,王倩情绪激动地坐上奔驰车顶和销售人员理论,视频被他人拍下上传网络。"我是受过文化教育的人,我是研究生毕业,但是这件事情,让我几十年的教育得到了奇耻大辱,我就是因为太讲道理了。""66万买的车,一公里没开,让我换发动机,还被迫接受这个'三包'。"……王倩的上述视频和话语都上了微博热搜,事件持续发酵,终于获得奔驰公司的回应,也引得监管部门介入调查。

4月17日,王倩与奔驰4S店达成和解协议,和解协议主要包括五项内容:第一,30日内奔驰4S店为其更换同款同色奔驰新车,沿用贷款方式购买;第二,将此前收取的1.5万余元金融服务费、代办挂牌费、抵押登记费全额退回;第三,享受奔驰终身VIP服务,包括美容级保养、维修等;第四,奔驰4S店支付自2019年3月27日算起的交通补偿费1万元;第五,奔驰4S店为其在农历生日时补办一场生日会并邀请其到德国奔驰总部参观,对奔驰的生产流程提出意见和建议。

5月27日,西安市高新区市场监管部门通报称,涉事车辆存在质量问题。涉事4S店存在销售不符合保障人身、财产安全要求的商品,夸大、隐瞒与消费者有重大利害关系的信息误导消费者等两项违法行为,被处以100万元人民币罚款。

至此,奔驰车女车主维权事件似乎已经落幕,但由此也引发了社会的思考。如今,车主的非理性维权取得了理性维权无法取得的效果,这种不该出现的反常,反映出身居强势地位的某些企业的法律意识淡薄以及对消费者的惯常漠视。消费者的正常诉求得到企业的正常回应,是消费者的权利,而不是对消费者的格外关照。消费者维权不该如此艰难,有些企业的行为必须得到纠正。在我国社会主义法治建设进程中,作为处于强势地位的企业,更需要在法律的框架内来规范运行,而作为弱势地位的消费者,也需要运用法律的手段来维护自己的合法权益。

一、消费者权益保护的立法及其原则

消费者相对于经营者而言,处于弱势地位,更需要法律法规的特殊保护。我国非常重视对消费者权益保护的立法,通过宪法、法律、行政法规、地方性法规、规章等全方位、多层次进行立法保护,并专门制定了《中华人民共和国消费者权益保护法》(以下简称《消费者权益保护法》)。《消费者权益保护法》是我国有关消费者权益保护的专门立法,而其他法律法规则是从各个角度涉及消费者权益的保护问题。

我国《消费者权益保护法》第四条确认了自愿、平等、公平、诚实信用四项原则,这与我国民法确认的基本原则基本一致。

1.自愿原则

所谓自愿,就是指在消费者与经营者进行商品或服务的交易活动中,双方均能充分自主地表达自己的真实意愿,一方不得对另一方施以强迫,也不允许第三者从中干预。消费者与经营者的交易关系以双方的真实意思表示一致为基础,任何采用欺诈、强迫、胁迫等手段进行的交易都不受法律保护。自愿原则给予了消费者一方充分的自由,这种自由主要表现在以下两个方面:

第一,消费者可以根据自己的意愿决定进行某种交易或不进行某种交易。即交易的进行由消费者的意志决定,经营者无权干涉。

第二,消费者有权根据自己的意志选择交易行为的对象和相对人。

《消费者权益保护法》第九条规定:"消费者享有自主选择商品或者服务的权利。消费者有权自主选择提供商品或者服务的经营者,自主选择商品品种或者服务方式,自主决定购买或者不购买任何一种商品、接受或者不接受任何一项服务。消费者在自主选择商品或者服务时,有权进行比较、鉴别和挑选。"

消费者在交易过程中既有权选择经营者,又有权选择商品的种类、型号、产地、质量标准等。

2.平等原则

所谓平等,就是消费者与经营者在交易过程中享有独立的法律人格,法律地位平等,互不隶属,任何一方都不得凌驾于另一方之上,双方均能平等地表达自己的意志。平等原则具体又包含以下两层含义:

第一,消费者与经营者在进行交易时必须平等协商,双方均有平等的发言权和选择权,不得强买强卖。尽管经营者一方的实力远远超过消费者一方,但经营者也不得以此剥夺消费者的选择权和其他权利。

第二,消费者和经营者在交易活动中必须适用同一法律,具有平等的法律地位,既平等地受到法律保护,又平等地受到法律约束,任何一方都没有免除法律责任的特权。双方一旦进入市场进行交易,就必须遵守反不正当竞争法、消费者权益保护法、产品质量法等市场规制法的约束,依法进行各项活动。任何经营者都不能滥用自己的市场优势地位超脱于法律之上,置消费者于不平等的地位中。

3.公平原则

所谓公平,就是公道合理,即经营者与消费者在市场交易活动中的权利义务大致相当。"大致相当"不等于完全相等,实践中各国法律往往会对经营者特别规定一些义务,而对消费者则会特别强调一些权利。因此,这里对公平不能进行机械的理解,而要从实质公平的层面来理解。由于消费者弱势地位的客观存在,对消费者的特别保护正是为了避免双方的权利义务显失公平。

公平原则首先是适用法律的原则,它可以用来弥补法律规定的漏洞和不足。现实市场交易活动千头万绪,十分复杂,再完备的法律也不可能事无巨细地对市场交易的方方面面毫无遗漏地作出规定,因此公平原则在此可以起到一个平衡和调节的作用。其次,公平原则也是一项重要的执法、司法原则。各行政机关和司法机关在处理消费者纠纷时应本着公平原则,在查清事实、分清责任的基础上,权衡双方利益,作出最符合公平原则的决定。由于公平原则本身是一项弹性很大的原则,它没有确定的标准和可以重复套用的思路,所以给予纠纷处理机关和人员极大的自由裁量权,运用起来应当慎重。

4.诚实信用原则

所谓诚实信用是指在商品交易活动过程中,消费者与经营者双方应以诚相待,信守承诺,以善意的方式行使权利、履行义务,不得弄虚作假、恶意欺诈,也不得故意规避双方约定和法律规定。诚实信用原则与公平原则一样,均是社会公认的商业道德规范在法律上的体现。诚实信用原则包含以下几层含义:

第一,经营者与消费者双方坦诚相待,诚而不欺,恪守承诺,讲究信用。经营者必须就自己许下的承诺,例如"三包"、送货上门等负责。消费者也应当诚心购买,不得为其他目的假意磋商,无理取闹。

第二,经营者和消费者必须以诚实信用的方式行使自己的权利。双方行使权利均应在法定和约定的范围之内,不得随意超出该范围,否则就是侵犯了对方的权利。双方行使权利还应尊重国家、集体、他人的利益,遵守社会公共道德,维护社会公共利益,不得滥用权利。

第三,经营者和消费者必须以诚实信用的方式履行义务。经营者在提供商品或服务时必须如实陈述商品的质量、价格、产地、规格、等级及其他应予陈述的事项,不得隐瞒商品瑕疵,以次充好,以假乱真。消费者也必须按照承诺的价款和付款方式履行付款义务,不得以各种借口拒绝付款。此外,诚实信用原则还给经营者和消费者添加了许多附随义务,主要包括以下四个方面:

一是告知义务,即经营者在向消费者提供商品或服务时,应将商品或服务的真实情况告知对方。

二是协作照顾义务,即经营者和消费者在从事交易的过程中应当互尽忠诚,彼此照顾。

三是保管义务,即经营者和消费者对交易中所涉及的商品均有妥善保管的义务。

四是保护义务,即经营者和消费者在交易活动中应当采取一定措施保护对方的人身、财

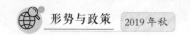

产安全。例如,商场应当保证清理干净地上的积水,以防消费者不小心摔倒,而消费者在进入商场时也应注意自身的状况,以防弄污商场的地面。

二、消费者的法律权利

(一)消费者权利的特点

1.消费者权利以消费者特定的身份为基础

消费者权利是与消费者的人身密切联系着的。一方面,只有在以消费者的身份购买、使用商品或接受服务时,才能享有这些权利,即消费者权利是以消费者资格的存在为必要条件的。另一方面,凡消费者,他们在购买、使用商品或接受服务时,都享有这种权利,即消费者权利又是以消费者身份的存在为充分条件的。

2.消费者权利具有法律规定性

一方面,消费者享有的权利是法律所明确规定的,具有强制性,任何人不得剥夺。另一方面,消费者不能享有和行使法律没有规定的权利,也就是说消费者不能为自己创设权利。

3.消费者权利是特别赋予处于弱势地位的消费者的权利

从历史演化的角度看,法律规定的消费者的各项权利在传统上大多属于交易当事人的自治范围。基于消费者的弱势地位,现代国家将这些权利法定化,充分体现了法律对消费者特殊保护的立场。

(二)消费者权益保护法规定的消费者权利

消费者权利是消费者权益保护法的核心,是我国宪法规定的公民享有的基本权利在消费生活领域的具体化。我国的消费者权益保护法对我国消费者权利进行了系统规定,确定了我国消费者享有的九项权利。

1.消费者的安全权

《消费者权益保护法》第七条规定:"消费者在购买、使用商品和接受服务时享有人身、财产安全不受损害的权利。消费者有权要求经营者提供的商品和服务,符合保障人身、财产安全的要求。"

消费者的安全权包括两方面的内容:一是消费者的人身安全权,即消费者在购买商品和接受服务的过程中,其人身安全应受到保障,因不能归责于消费者过错的导致消费者人身安全受到损失的,经营者应对消费者承担赔偿责任;二是消费者的财产安全权,即消费者在购买商品和接受服务的过程中,其财产不受损失,非因其过错造成的损失,应由经营者承担赔偿责任。

2.消费者的知悉权

《消费者权益保护法》第八条规定:"消费者享有知悉其购买、使用的商品或者接受的服务的真实情况的权利。消费者有权根据商品或者服务的不同情况,要求经营者提供商品的价格、产地、生产者、用途、性能、规格、等级、主要成份、生产日期、有效期限、检验合格证明、使用方法说明书、售后服务,或者服务的内容、规格、费用等有关情况。"

所谓"知悉",包括以下两层含义:一是消费者在不明了的情况下有权主动询问,了解其所购买、使用的商品或接受的服务的真实情况;二是向消费者提供的商品或服务应当真实地记载或说明有关商品或服务的情况,不经消费者询问即使消费者一目了然。

所谓"真实",也同样包含以下两层含义:一是全面、正确的有关商品或服务的情况,既不避实就虚,也不编造谎言;二是诚实可信,不带任何欺诈情节。

3.消费者的选择权

《消费者权益保护法》第九条规定:"消费者享有自主选择商品或者服务的权利。消费者有权自主选择商品或者服务的经营者,自主选择商品品种或者服务方式,自主决定购买或者不购买任何一种商品、接受或者不接受任何一项服务。消费者在自主选择商品或者服务时,有权进行比较、鉴别和挑选。"

选择权作为消费者的一项重要权利,民法上的自愿原则是该项权利的法理基础。所谓自主,是指消费者的消费行为不受来自各方面的干扰,自己决定自己的事情。

4.消费者的公平交易权

消费者的公平交易权是指消费者购买商品或者接受服务过程中享有的与经营者进行公平交易的权利。

《消费者权益保护法》第十条规定:"消费者享有公平交易的权利。消费者在购买商品或者接受服务时,有权获得质量保障、价格合理、计量正确等公平交易条件,有权拒绝经营者的强制交易行为。"

公平交易的核心是消费者以一定数量的货币可以换得同等价值的商品或者服务。另外,公平交易还包括消费者在交易过程中是否出于自愿、有没有受到强制和歧视、其消费心理是否能够得到满足等。

5.消费者的损害赔偿权

消费者的损害赔偿权,又称求偿权或索赔权,是指消费者在购买、使用商品或者接受服务的过程中非因自己的故意或者过失而使得人身、财产遭受损害时,向经营者提出请求,由经营者予以一定补偿的权利。

《消费者权益保护法》第十一条规定:"消费者因购买、使用商品或者接受服务受到人身、财产损害的,享有依法获得赔偿的权利。"

6.消费者的结社权

消费者的结社权是消费者为了维护自身的合法权益而依法组织社会团体的权利。

消费者往往是孤立、分散的个体社会成员,其所面对的经营者却时常表现为具有强大的经济实力、庞大的组织机构,拥有各种专业人员的企业。因此,尽管法律规定交易当事人地位平等,但由于交易双方实力的悬殊,实际上,很难实现真正的平等。同时,经营者为了垄断市场、获得超额垄断利润往往相互联合,通过协议、董事兼任、控股等手段,控制市场,一致行动。为了与强大的经营者及经营者集团相抗衡,实现与经营者之间的真正平等,消费者除了通过国家支持和社会帮助以外,还应团结起来,通过设立自己的组织同不法经营行为进行斗争。

消费者成立社会团体的权利源于我国宪法的规定。《中华人民共和国宪法》第三十五条规定:"中华人民共和国公民有言论、出版、集会、结社、游行、示威的自由。"正因为如此,《消费者权益保护法》第十二条规定:"消费者享有依法成立维护自身合法权益的社会组织的权利。"

7.消费者的接受教育权

消费者的接受教育权又称消费者求知权、获得教育权。《消费者权益保护法》第十三条规定:"消费者享有获得有关消费和消费者权益保护方面的知识的权利。消费者应当努力掌握所需商品或者服务的知识和使用技能,正确使用商品,提高自我保护意识。"

消费者有权获得消费方面、权益保护方面的知识,包括消费观念知识、市场基本知识、消费者权益保护的法律和政策、消费者权益保护机构、消费者权益保护的途径等。

8.消费者的受尊重权

《消费者权益保护法》第十四条规定:"消费者在购买、使用商品和接受服务时,享有人格尊严、民族风俗习惯得到尊重的权利,享有个人信息依法得到保护的权利。"

9.消费者的监督权

《消费者权益保护法》第十五条规定:"消费者享有对商品和服务以及保护消费者权益工作进行监督的权利。消费者有权检举、控告侵害消费者权益的行为和国家机关及其工作人员在保护消费者权益工作中的违法失职行为,有权对保护消费者权益工作提出批评、建议。"

三、经营者的法律义务

经营者,是指以营利为目的进行商品生产、销售或者提供服务的人,具体包括企业法人、其他经济组织、个体工商户和自然人等。

经营者的义务,是指法律规定或者消费者与经营者约定的,在消费过程中经营者必须对消费者作出一定行为或者不作出一定行为的拘束。

经营者应尽的义务可划分为法律规定的义务和当事人双方约定的义务两种类型。

我国的消费者权益保护法规定了经营者的义务。

1.经营者履行法定和约定的义务

《消费者权益保护法》第十六条规定:"经营者向消费者提供商品或者服务,应当依照本法和其他有关法律、法规的规定履行义务。经营者和消费者有约定的,应当按照约定履行义务,但双方的约定不得违背法律、法规的规定。经营者向消费者提供商品或者服务,应当恪守社会公德,诚信经营,保障消费者的合法权益;不得设定不公平、不合理的交易条件,不得强制交易。"

2.经营者接受监督的义务

《消费者权益保护法》第十七条规定:"经营者应当听取消费者对其提供的商品或者服务的意见,接受消费者的监督。"

经营者接受消费者监督的义务,是指经营者应当虚心听取消费者关于商品或者服务的看法、批评和建议,把消费者的意见作为改进商品质量、提高服务水平的重要依据,自觉接受消费者的监督和考察。

3.经营者保障消费者人身和财产安全的义务

《消费者权益保护法》第十八条规定:"经营者应当保证其提供的商品或者服务符合保障人身、财产安全的要求。对可能危及人身、财产安全的商品和服务,应当向消费者作出真实的说明和明确的警示,并说明和标明正确使用商品或者接受服务的方法以及防止危害发生的方法。"

《消费者权益保护法》第十九条规定:"经营者发现其提供的商品或者服务存在缺陷,有危及人身、财产安全危险的,应当立即向有关行政部门报告和告知消费者,并采取停止销售、警示、召回、无害化处理、销毁、停止生产或者服务等措施。采取召回措施的,经营者应当承担消费者因商品被召回支出的必要费用。"

4.经营者提供真实信息的义务

《消费者权益保护法》第二十条规定:"经营者向消费者提供有关商品或者服务的质量、性能、用途、有效期限等信息,应当真实、全面,不得作虚假或者引人误解的宣传。经营者对消费者就其提供的商品或者服务的质量和使用方法等问题提出的询问,应当作出真实、明确的答复。经营者提供商品或者服务应当明码标价。"

所谓"应当真实、全面",就是指经营者提供的商品或者服务信息不能是虚假的,经营者必须保证其提供的商品或者服务信息的真实性,通过标签、说明、包装、广告等方式对其商品或者服务进行的一切宣传都必须与真实情况相符,不得作引人误解的宣传。

所谓"作虚假或者引人误解的宣传",通常有三种表现:一是杜撰性的虚假宣传,即经营者完全捏造事实、制造假象、无中生有的虚假宣传;二是不确定性的虚假宣传,即经营者在自己尚未弄清楚某一信息是否真实的情况下,将其作为真实信息加以宣传;三是夸大性的虚假宣传,即经营者对其商品或者服务的某些性能、特征、品质等进行有违实情的夸张渲染。

《消费者权益保护法》第二十八条规定:"采用网络、电视、电话、邮购等方式提供商品或者服务的经营者,以及提供证券、保险、银行等金融服务的经营者,应当向消费者提供经营地址、联系方式、商品或者服务的数量和质量、价款或者费用、履行期限和方式、安全注意事项和风险警示、售后服务、民事责任等信息。"

5.经营者标明真实名称和标记的义务

《消费者权益保护法》第二十一条规定:"经营者应当标明其真实名称和标记。租赁他人柜台或者场地的经营者,应当标明其真实名称和标记。"

名称,是指经营者依法确定的名称,包括企业名称、从事经营活动的事业单位和科技性社会团体的名称、个体工商户和个人合伙的名称(字号)等;没有字号的个体工商户和个人合伙在市场交易中使用的个人姓名,也视为经营者的名称。

标记,是指一些经营者在经营活动中使用的除名称之外的特殊标识。

6.经营者出具购货凭证和服务单据的义务

《消费者权益保护法》第二十二条规定:"经营者提供商品或者服务,应当按照国家有关规定或者商业惯例向消费者出具发票等购货凭证或者服务单据;消费者索要发票等购货凭证或者服务单据的,经营者必须出具。"

购货凭证,是指商品销售者在买卖合同已履行完毕后向商品购买者出具的证明合同已履行的书面凭证。服务单据,是指服务的提供者在服务合同履行后向服务对象出具的证明合同已履行的书面凭据。

在实际的商品交易中,购货凭证与服务单据的表现形式多种多样,如发票、购物小票、保修卡、信誉卡、价格单等。

7.经营者保证商品或者服务质量的义务

《消费者权益保护法》第二十三条规定了经营者的品质担保义务:"经营者应当保证在正常使用商品或者接受服务的情况下其提供的商品或者服务应当具有的质量、性能、用途和有效期限;但消费者在购买该商品或者接受该服务前已经知道其存在瑕疵,且存在该瑕疵不违反法律强制性规定的除外。经营者以广告、产品说明、实物样品或者其他方式表明商品或者服务的质量状况的,应当保证其提供的商品或者服务的实际质量与表明的质量状况相符。经营者提供的机动车、计算机、电视机、电冰箱、空调器、洗衣机等耐用商品或者装饰装修等服务,消费者自接受商品或者服务之日起六个月内发现瑕疵,发生争议的,由经营者承担有关瑕疵的举证责任。"

8.经营者的包修、包换、包退等售后服务义务

"三包"政策是零售商业企业对所售商品实行"包修、包换、包退"的简称,指商品进入消费领域后,卖方对买方所购物品负责而采取的在一定限期内的一种信用保证办法。"三包"政策对不是因用户使用、保管不当,而属于产品质量问题而发生的故障提供该项服务。

《消费者权益保护法》第二十四条规定:"经营者提供的商品或者服务不符合质量要求的,消费者可以依照国家规定、当事人约定退货,或者要求经营者履行更换、修理等义务。没有国家规定和当事人约定的,消费者可以自收到商品之日起七日内退货;七日后符合法定解除合同条件的,消费者可以及时退货,不符合法定解除合同条件的,可以要求经营者履行更换、修理等义务。依照前款规定进行退货、更换、修理的,经营者应当承担运输等必要费用。"

《消费者权益保护法》第二十五条规定:"经营者采用网络、电视、电话、邮购等方式销售商品,消费者有权自收到商品之日起七日内退货,且无需说明理由,但下列商品除外:消费者定作的;鲜活易腐的;在线下载或者消费者拆封的音像制品、计算机软件等数字化商品;交付的报纸、期刊。除前款所列商品外,其他根据商品性质并经消费者在购买时确认不宜退货的商品,不适用无理由退货。消费者退货的商品应当完好。经营者应当自收到退回商品之日起七日内返还消费者支付的商品价款。退回商品的运费由消费者承担;经营者和消费者另有约定的,按照约定。"

9.经营者不当免责禁止的义务

《消费者权益保护法》第二十六条规定；"经营者在经营活动中使用格式条款的,应当以显著方式提请消费者注意商品或者服务的数量和质量、价款或者费用、履行期限和方式、安全注意事项和风险警示、售后服务、民事责任等与消费者有重大利害关系的内容,并按照消费者的要求予以说明。经营者不得以格式条款、通知、声明、店堂告示等方式,作出排除或者限制消费者权利、减轻或者免除经营者责任、加重消费者责任等对消费者不公平、不合理的规定,不得利用格式条款并借助技术手段强制交易。格式条款、通知、声明、店堂告示等含有前款所列内容的,其内容无效。"

格式合同,是指经营者事先制定的对经营者与消费者的权利、义务作出完整规定的合同,此种合同于消费者购买商品或者接受服务时成立。

通知、声明、店堂告示等,是指经营者在其经营场所内悬挂、张贴的带有警示性的标语、标牌,其内容主要是以经营者的口吻告诫消费者在购买商品或者接受服务时应当注意的事项或者是一些商业上的惯常用语。

10.经营者尊重消费者的义务

《消费者权益保护法》第二十七条规定："经营者不得对消费者进行侮辱、诽谤,不得搜查消费者的身体及其携带的物品,不得侵犯消费者的人身自由。"

《消费者权益保护法》第二十九条规定："经营者收集、使用消费者个人信息,应当遵循合法、正当、必要的原则,明示收集、使用信息的目的、方式和范围,并经消费者同意。经营者收集、使用消费者个人信息,应当公开其收集、使用规则,不得违反法律、法规的规定和双方的约定收集、使用信息。经营者及其工作人员对收集的消费者个人信息必须严格保密,不得泄露、出售或者非法向他人提供。经营者应当采取技术措施和其他必要措施,确保信息安全,防止消费者个人信息泄露、丢失。在发生或者可能发生信息泄露、丢失的情况时,应当立即采取补救措施。经营者未经消费者同意或者请求,或者消费者明确表示拒绝的,不得向其发送商业性信息。"

四、消费者的维权途径和方法

消费者在购买商品和接受服务的过程中,如果正当、合法的权益遭到损害,该怎样维护权益？有哪些合法的维权渠道？

(一)明明白白才能更好维权

1.明白自己的权利

消费者要了解民法总则、消费者权益保护法、产品质量法等法律规定的消费者基本权利范围和权利内容,在消费过程中,能及时意识到自己的具体权益受损,而不至于被"宰"了还蒙在鼓里。

2.不忘索要发票

发票不仅是购物的凭证,更是消费者维权的基本证据。因此,消费者在购物时千万不要忘记索要发票并予以妥善保管。除此之外,还有保修卡、信誉卡、产品使用说明书、产品合格证、警示标志等凭据,都要保管好,以备急用。

3.牢记维权时限

"三包"政策中,国家对部分商品修理、更换、退货时间进行了如下规定:(1)"7日"规定。产品自售出之日起7日内发生性能故障,消费者可以选择退货、换货或修理。(2)"15日"规定。产品自售出之日起15日内发生性能故障,消费者可以选择换货或修理。(3)"三包"有效期规定。"三包"有效期自开具发票之日起计算。(4)"30日"和"5年"的规定。修理者应保证修理后的产品能正常使用30日以上;生产者应保证在产品停产后5年内继续提供符合技术要求的零配件。

同时,还要注意诉讼时效。根据我国民法总则的有关规定,诉讼时效是3年,诉讼时效期间自权利人知道或应当知道权利受到损害之日起算,超过则法院会驳回消费者的诉讼请求。因此,当消费者的权益受到侵害时,一定要及时地向法院提出诉讼,否则有理也会输掉官司。

(二)维权渠道

《消费者权益保护法》第三十九条规定:"消费者和经营者发生消费者权益争议的,可以通过下列途径解决:与经营者协商和解;请求消费者协会或者依法成立的其他调解组织调解;向有关行政部门投诉;根据与经营者达成的仲裁协议提请仲裁机构仲裁;向人民法院提起诉讼。"

1.协商和解

消费者与经营者在发生争议后,在自愿、互谅基础上,通过直接对话,摆事实、讲道理,分清责任,达成和解协议,使纠纷得以解决。这种快速、简便的争议解决方式,无论是对消费者还是对经营者来说都是理想的途径。

2.请求调解

消费者与经营者之间发生消费者权益争议后,请求消费者协会或调解组织调解,即由第三方对争议双方当事人进行说服劝导、沟通调和,以促成双方解决纠纷。

3.行政投诉

消费者和经营者发生权益争议后,可向有关行政部门投诉,请求有关行政部门解决争议。该途径具有高效、快捷、力度强等特点。消费者决定申诉时,一般用书面形式,并载明要求、理由及相关的事实根据。像奔驰女车主的维权,主要就是运用了投诉这个渠道,最终获得了又快速又有效的处理结果。

4.提请仲裁

消费者和经营者达成协议,自愿将争议提交仲裁机构调解或裁决。仲裁具有当事人意思自愿、程序简便、一裁终局、专家仲裁、费用较低、保守机密、相互感情影响小等特征。仲裁费用原则上由败诉的当事人承担,当事人部分胜诉则由仲裁庭根据各方责任大小确定各自应承担的仲裁费用。

5、提起诉讼

消费者因其合法权益受到侵害,可向人民法院提起诉讼,请求法院依照法定程序进行审判。这属于民事诉讼范畴。

2018年浙江省十大维权典型案例

案例1:贯彻浙版新消法① 力破二手车行业"潜规则"

【案情简介】

2018年7月23日,《办法》实施后浙江省消费者权益保护委员会(以下简称消保委)第一起支持诉讼的案例在拱墅区人民法院进行宣判,认定杭州源申旧机动车经纪有限公司(以下简称源申公司)篡改二手车里程表存在欺诈行为,判定"退一赔三"。

2017年6月,消费者周女士在源申公司购买雪佛兰迈锐宝二手车一辆,该公司法定代表人承诺该车辆未发生过重大事故,行驶里程数和仪表盘显示数字一致即52689公里。2017年6月11日,源申公司以另一股东镇小维的名义与周女士签订车辆转让协议书,周女士按约支付购车款共计99600元。一周后周女士发现该车实际行驶里程数与仪表盘显示数字不符,根据涉案车辆内贴有的保养记录,截至2016年11月15日该车行驶里程数已达76903公里。周女士认为车辆行驶里程数与其决定是否购买车辆以及车辆的价格有直接影响,遂与源申公司沟通要求解除合同或者给予经济补偿,沟通无果后周女士向浙江省消保委请求帮助。

【处理过程及结果】

通过对本案的调查取证,省消保委了解到消费者周女士遇到的情况并非个例,在二手车交易过程中二手车经营者更改车辆行驶里程数已属"行业惯例"。2017年全省消保委系统共受理二手汽车消费投诉459起,其中关于篡改里程数的投诉有241起,占投诉总量的52.5%。同时目前二手车交易市场管理混乱,在交易实践中大量二手车经营主体名为旧机动车经纪公司,实际从事二手车经销业务。经纪公司通常以公司股东的名义与二手车卖方签订车辆转让协议书,后将车辆过户至公司股东、员工、股东家属或朋友名下,之后再以公司股东的名义与买方签订车辆转让协议书,将车辆过户给买方。整个交易过程中,卖方收款以及买方支付购车款均通过经纪公司股东或者关联人员的个人账户,以此来规避税收及销售风险。本案亦

①浙江版的新消费者权益保护法,指《浙江省实施<中华人民共和国消费者权益保护法>办法》,经浙江省十二届人大常委会第三十九次会议全票通过后于2017年5月1日起正式实施,以下简称《办法》。

采用此种交易模式,大大增加了消费者的举证难度,加大了消费者的维权成本。

省消保委对此高度重视,对案件进行了充分的调查取证,并召集法律专业委员会成员召开法律研讨会。为维护广大消费者合法权益,宣贯落实《办法》,省消保委决定将本案作为典型案例,全力支持消费者提起诉讼,并委派省消保委法律专业委员会成员担任本案的代理律师。2018年7月23日,拱墅区人民法院作出一审判决,支持周女士的诉讼请求,认定源申公司篡改二手车里程表存在欺诈行为,依据《消费者权益保护法》和《办法》,撤销源申公司以镇小维名义与周女士签订的车辆转让协议书,源申公司返还周女士购车款99600元,并增加赔偿损失298800元。

【案例评析】

此案宣判之前,因二手车修改里程数法院判决支持"退一赔三"的案件在浙江省内并无先例,一定程度上也导致了消费者维权困难。2017年5月起实施的《办法》第二十八条明确规定了二手车经营者的法律责任,家用二手汽车销售经营者负有对二手汽车进行核查、检测并将核查、检测结果告知消费者的义务,若未按要求进行核查、检测或者隐瞒、谎报核查、检测结果,造成消费者损失的,消费者有权依据《消费者权益保护法》第五十五条规定向经营者要求"退一赔三"。该条规定的出台为此类案件的判决提供了直接明确的法律依据,本案也正是援引了《办法》的该条规定,得到了法院的支持与认可。

案例2:样板房违建遭强拆 开发商虚假宣传应担责

【案情简介】

2018年3月,闻先生等11名消费者向浙江省消保委投诉,称浙江南都置业有限公司在商品房销售中存在虚假宣传行为。据消费者反映,2016—2017年间,上述消费者陆续购买了浙江南都置业有限公司开发的阳光天际商品房,该商品房位于杭州市余杭区良渚街道良渚文化村。销售时开发商以样板房形式展示了房屋结构及装修情况,其中样板房(中间套)中庭部分搭建成餐厅。同时,售楼人员明确表示业主可以按照样板房对房屋中庭进行搭建。2017年下半年商品房交付后,部分业主对房屋中庭进行了搭建装修。2018年3月,部分业主中庭的装修建筑被当地执法部门认定为违章建筑,并遭到强制拆除。消费者认为开发商在销售过程中存在虚假宣传行为,损害了其合法权益,要求开发商承担赔偿责任,但双方因赔偿金额差距过大无法达成一致。

【处理过程及结果】

浙江省消保委于2018年4月12日组织双方进行调解,要求浙江南都置业有限公司限期对消费者投诉反映的问题作出说明并提出解决措施。逾期未答复后,浙江省消保委于4月25日约谈浙江南都置业有限公司,重申上述要求,但浙江南都置业有限公司依旧未按期作出书面答复。同时,省消保委工作人员联系当地城市执法部门实地调查,进一步固定证据,确认消费者反映问题属实。5月8日,鉴于南都置业拒不承认违法事实,对投诉事项置若罔闻,浙江省消保委依法对浙江南都置业有限公司被投诉损害消费者合法权益的情况予以公开披露。最终,浙江南都置业有限公司承认上述错误,在省消保委的再次协调下,矛盾双方基本达成和解。

【案例评析】

《消费者权益保护法》第二十条第一款规定,"经营者向消费者提供有关商品或者服务的质量、性能、用途、有效期限等信息,应当真实、全面,不得作虚假或者引人误解的宣传";第二十三条第二款规定,"经营者以广告、产品说明、实物样品或者其他方式表明商品或者服务的质量状况的,应当保证其提供的商品或者服务的实际质量与表明的质量状况相符"。《商品房销售管理办法》第三十一条规定:"房地产开发企业销售商品房时设置样板房的,应当说明实际交付的商品房质量、设备及装修与样板房是否一致,未作说明的,实际交付的商品房时应当与样板房一致。"样板房是消费者决定购买商品房的重要依据,消费者按照开发商展示样板房而搭建的装修建筑,被认定为违章建筑而遭到拆除,财产遭受重大损失,开发商应当承担赔偿责任。本案中,浙江省消保委积极履行职责,通过公开披露的方式促使开发商认识到错误,最终促成了和解。

案例3:保健品致8岁孩童险失聪 消保委援手获赔

【案例简介】

2018年初,消费者吴女士向宁波市象山县消保委投诉称,其去年听信县内一家保健咨询服务部宣传,为8岁女儿购买保健食品并当成药品服用了10个月,险致其失聪。据吴女士介绍,她8岁的女儿患有中耳炎,去年5月,她在邻居家中接触到该家保健咨询服务部的推销员,在邻居和推销员的共同推荐下,听信了"不用去医院、不用打针吃药,只要吃店里的东西就能包治中耳炎"等说辞,连续多次向该服务部购买了多维锌软糖、磷脂维生素E胶囊等保健食品,支付货款1.2万元。服用10个月后,女儿右耳中耳炎不但未好转,听力还日渐下降。于是她带女儿到上海第二军医大学附属长征医院就诊,并进行了右侧鼓膜切开手术。医生告诉她,手术很成功但听力可能恢复不到正常水平,如果再迟一段时间就诊,很可能会导致右耳失聪。吴女士认为其女儿的中耳炎最佳治疗时间被耽误与店内虚假宣传诱骗其购买食用保健品有直接关系,要求经营方退还货款1.2万元并赔偿治疗费用。

【处理过程及结果】

接到投诉后,象山县消保委工作人员对吴女士投诉的保健食品进行核查发现,商品包装标有国食健字、卫食健字、食品生产许可证编号、批准文号等内容,确定属于直销保健产品。工作人员认为,经营者与消费者进行交易,应当遵循诚实守信的原则,经营者在交易过程中,应当向消费者提供有关商品的真实信息,不得作虚假宣传。经县消保委工作人员多次调解,双方达成一致意见,经营方向吴女士赔偿8.3万元。同时,象山县市场监督管理局对该家保健咨询服务部的虚假宣传行为进行了调查取证,立案查处经营者违法违规行为。

【案例评析】

《消费者权益保护法》第四十五条规定:"消费者因经营者利用虚假广告或者其他虚假宣传方式提供商品或者服务,其合法权益受到损害的,可以向经营者要求赔偿。广告经营者、发布者发布虚假广告的,消费者可以请求行政主管部门予以惩处。广告经营者、发布者不能提供经营者的真实名称、地址和有效联系方式的,应当承担赔偿责任。"保健食品不是药品,更不能替代药品,把保健品当成治病的良药是消费者普遍存在的认知误区,把保健功能虚假宣传成有治疗效果的产品,是保健食品销售中经常出现的违法行为。本案中的保健食品使用了夸大商品性能的宣传,存在故意告知对方虚假情况,误导消费者购买的情形,应当承担赔偿责任。

案例4:艺术品理财有风险 老年人投资需警惕

【案情简介】

2018年5月,浙江省消保委接到杭州市消费者谢女士投诉称,其于2017年2月18日与杭州达耀商务咨询有限公司(杭州"爱福家"客服中心)签订了一份艺术品交易合同:消费者在对方指定网站"易文网"以预售的方式购买艺术品一份,支付价款2万元。合同约定,该艺术品由"易文网"保管,所有权归杭州达耀商务咨询有限公司;1年合同期内消费者可随时交割或出售交易该艺术品,合同期满后消费者可全额退还预付款;杭州达耀商务咨询有限公司按照合同款的10%作为投资收益分期按月向消费者支付。2018年2月底合同到期后,消费者要求退还货款遭到拒绝。

【处理过程及结果】

省消保委调查发现,涉案主体销售方杭州达耀商务咨询有限公司、担保方江苏爱晚投资股份有限公司、"易文网"及两家运营机构"爱福家"和"满城芳"关系错综复杂,但实际控制人均为福晚投资控股(上海)有限公司。本起涉案项目是上述公司在杭州以"爱福家"名义专门运作的艺术品投资理财项目。该项目特别针对社区老年消费群体,以认购收藏字画投资理财为名,许诺高额利息回报,与消费者签订预售合同,高价推销所谓的名人字画艺术品。

本案处理过程中,省消保委发现杭州达耀商务咨询有限公司未按注册地址营业,法人代表徐文阳注册电话为虚假信息,无法正常联系。担保方江苏爱晚投资股份有限公司和"易文网"400电话也多次联系不上,消费者资金安全一度告急。后省消保委工作人员设法与销售员方某多次联系,警告事态严重性,督促联系负责人尽快解决,并正式书面通知江苏爱晚投资股份有限公司接受调解。最后对方退还谢女士2万元,同时向另一消费者退还了货款5万元。

【案例评析】

据了解,当前有一些不法机构打着艺术品投资、钱币收藏品投资的幌子,专门针对老年消费群体,高价销售字画、钱币等收藏投资品,并允诺高额返利,以此大肆吸纳投资者资金维持运转,其项目本身并无其他资金来源。高提成、高返还使其资金链极度脆弱,一旦出现问题可能彻底断裂,导致消费者财物两空,血本无归,严重影响社会稳定。因此,省消保委建议将上述投诉案件情况报告浙江省人民政府金融工作办公室,并将涉案线索移送公安部门,建议对杭州达耀商务咨询有限公司经营行为和"爱福家"项目进行立案调查。同时省消保委也向社会发布消费警示,提醒消费者防范投资理财风险。

案例5:群体性美容美发预付卡消费投诉

【案情简介】

2018年3月,金华市义乌市消保委接到群体性投诉,称春天印象理发店停业关门,预付卡无法继续使用。该消费投诉涉及消费者194人,涉及金额达609567元。

【处理过程及结果】

接到投诉后,义乌市消保委高度重视,立即开展情况调查。经调查了解,春天印象理发店歇业的原因在于租赁店面房东之间存在纠纷、房租大幅上涨等。经义乌消保委数次调解,春天印象理发店实际经营者康某提出让一家名为艾米国际的理发店接手这一批消费者。艾米国际实际控制人杨某表示愿意在保留消费者原有折扣、不额外充值的前提下,让所有消费者消费完卡内余额,消费者代表表示同意。

【案例评析】

《消费者权益保护法》第五十三条规定:"经营者以预收款方式提供商品或者服务的,应当按照约定提供。未按照约定提供的,应当按照消费者的要求履行约定或者退回预付款;并应当承担预付款的利息、消费者必须支付的合理费用。"《办法》第十一条规定:"经营者终止经营活动的,应当提前三十日发布告示,并以电话、短信、电子邮件等形式告知消费者,消费者有权要求退还预付款余额。经营者终止经营活动后,承受其权利义务的经营者应当继续向持有预付凭证的消费者提供商品或者服务,不得对消费者增设新的条件或者减损消费者的权利。"本案中,被投诉的理发店突然关门,事先没有提前告知消费者,事后未积极主动做好预付款余额退款工作,应承担全部的责任。但本案被投诉者已不具备退还余额的能力,对于投诉人而言,个体金额在一两千的占比较多,要求每个投诉人单独通过司法途径与商家对簿公堂也不现实,且司法判决后是否能拿回全部余额也是未知数。在充分尊重消费者意愿的前提下,最终被诉人将其店里所有消费者的卡内余额全部转至义乌市另一家同等档次的理发店,消费者可以凭卡内余额无条件到该店消费,享受原卡相应折扣,直至卡内金额用完为止。这算是一个比较妥善的解决方案。一方面,被投诉人只需支付给接收人卡内余额一定比例的人工服务费用,于被投诉人而言负担较轻,愿意积极配合;另一方面,消费者能享受到与原先同等质量的服务,最大限度地减少了损失。

案例6:辨别虚假体检报告 谨防诱导消费

【案例简介】

2018年初,绍兴市越城区消保委接到消费者蒋女士投诉称,其于2017年底在某美容养生SPA会所进行消费,在店员的推销下接受了量子检测,当场对胃肠及心脑血管功能进行检测。体检报告显示其血脂、血管弹性、肠胃功能等10余项指标轻、中度异常,甚至还有糖尿病的征兆。这时美容师便开始安慰蒋女士,同时列出了一套为蒋女士量身定做的治疗方案。此时内心慌乱的蒋女士早已忘记了理性消费,花5.4万元购买了一个八卦熏蒸的项目。连做3次熏蒸后蒋女士并没有觉得身体有所好转,担心自己身体状况的她来到医院做了全身体检,医院体检报告显示其身体健康,各项指标均在正常范围。得知上当的蒋女士拿着医院体检报告再次来到美容养生SPA会所,提出退款要求,但遭到商家拒绝。无奈之下蒋女士向绍兴市越城区消保委府山分会进行求助。

【处理过程及结果】

接到投诉后,越城区消保委府山分会工作人员立马对该美容院进行现场检查,并将涉嫌疾病诊断方面的有关报告移送越城区卫生监督管理所进行查处、鉴定,最终确认该美容院以虚假的体检报告欺骗消费者进行后续消费。经过一个多月的取证、约谈、调解,最终该店负责人退还消费者4万元现金,1.1万元抵用现金,转为分店的其他服务。

【案例评析】

《消费者权益保护法》第二十条第一款规定,"经营者向消费者提供有关商品或者服务的质量、性能、用途、有效期限等信息,应当真实、全面,不得作虚假或者引人误解的宣传";第四十五条第一款规定,"消费者因经营者利用虚假广告或者其他虚假宣传方式提供商品或者服务,其合法权益受到损害的,可以向经营者要求赔偿"。本案中,美容院以虚假的体检报告诱导、欺骗消费,存在虚假宣传和欺诈行为,应予以退款,情节严重者,相关执法部门还可依法给予行政处罚。同时,消费者在选择美容院时要看清美容院的经营范围和资质,理性消费,同时保留好票据、报告、录音等相关证据,以备维权。

案例7:2元配件引发7万元赔偿 安装过失卖家不能免责

【案情简介】

2018年4月9日,台州市椒江区消保委接到消费者李先生投诉称,其于2017年11月在橘子家建材购买装修材料,按照合同约定由橘子家建材进行上门安装。2018年4月4日,李先生进入新房发现前一天安装的水龙头由于接口断裂导致地面全是水,遂立即与橘子家建材取得联系,要求恢复原貌,赔偿损失。因索赔数额较大(预估达7万元左右),双方协商不下,李先生只能向椒江区消保委投诉。

【处理过程及结果】

椒江区消保委工作人员接到投诉后,立即组织双方了解情况。李先生表示,橘子家建材的安装工人在安装水龙头时发现墙面预留的水管接口不太好安装,在没有告知并征求李先生同意的情况下,花2元钱擅自购买了一个转换接口安装上去,当时便发觉螺纹不合。但为了赶工,安装工人在安装后目测不漏水了便匆匆离开。第二天上午,李先生便发现房屋整个地面全是水,新安装的木地板、瓷砖、衣柜、门及门套都泡在水里。据估算，需要修复的衣柜材料费12590元，护墙及门的费用2000元，而门及门套、木地板是向橘子家建材购买的，要求予以更换，总计达7万元左右。橘子家建材认为，此次事故是因安装工人操作不当引起的，且涉及金额较大，不愿独自承担责任。经过协调，双方最终达成和解协议，由橘子家建材赔偿李先生修复费用共计16590元，并更换损坏的门、门套、木地板等。同时消保委工作人员协助当事人就协商事宜签订书面调解协议，引导二人利用ODR平台（在线矛盾纠纷多元化解平台）向椒江区人民法院提出申请，请求法院对调解协议进行司法确认。

【案例评析】

《消费者权益保护法》第五十二条规定："经营者提供商品或者服务，造成消费者财产损害的，应当依照法律规定或者当事人约定承担修理、重作、更换、退货、补足商品数量、退还货款和服务费用或者赔偿损失等民事责任。"《办法》第二十一条规定："住宅装修经营者应当与消费者订立书面合同，明确施工期限、施工质量、施工费用、质量保证方式、违约责任等内容；由经营者提供装修材料的，应当书面约定材料的名称、品牌、规格、型号、等级和价格等。埋设在墙体、地面内的电气网络管线和给排水管道等隐蔽工程的保修期限不得低于八年，其他装修部位的保修期限不得低于两年，自装修工程竣工验收合格之日起计算。"本案中装修材料和安装服务均是由橘子家建材提供的，因安装失误造成的损失理应由经营者承担，消费者有权向橘子家建材要求赔偿。

案例8：木炭火锅引中毒 消保巡回法庭助维权

【案例简介】

2018年8月，消费者叶女士等5人在宁波市鄞州区姜山镇某火锅店吃火锅，由于火锅是用木炭加热的，包厢内又没有良好的通风装置，导致5人在就餐过程中发生不同程度的一氧化碳中毒。事后，叶女士等5人被送往鄞州区明州医院康复中心进行紧急救治，因病情比较严重，5人均需住院治疗。8月29日上午，火锅店经营者吴先生到医院，给5人垫付了5000元医疗费，后吴先生再未支付任何医疗费用，也未安排人员照顾患者。治疗结束后，5人共花费医疗费3.2万元。为协商赔偿事宜，叶女士等人多次联系火锅店经营者吴先生，吴先生均拒接电话。

【处理过程及结果】

在无法协商的情况下，消费者叶女士、杨女士等5人向宁波市鄞州区公共事务中心区长热线投诉，要求吴先生补齐余下医疗费，赔付误工费、精神损失费等。鄞州区市场监督管理局姜山市场监管所接到投诉转办单后，立即安排监管干部及姜山消保分会工作人员对整个事件进行调查。经查，消费者5人投诉情况基本属实。在掌握投诉基本情况后，姜山市场监管所和消保分会工作人员约谈了吴先生，考虑到该投诉涉及人员多、赔偿金额高，消保分会工作人员及时联系区法院巡回法庭的法官一起参与调解。最终经过调解，火锅店经营者吴先生向5名消费者支付医疗费6万余元,赔偿误工费、精神损失费共计4万余元。同时,由于涉及安全事故,案件移送鄞州区安全生产监督管理局进行立案处罚。

【案例评析】

本案是一起侵权责任纠纷案件,火锅店经营者吴先生未能意识到使用炭烧火锅就餐存在一氧化碳中毒的安全隐患,致使消费者一氧化碳中毒,侵犯了消费者的健康权。根据《中华人民共和国侵权责任法》(以下简称《侵权责任法》)第三十七条以及《消费者权益保护法》第十八条的规定,经营者对其提供的商品或服务负有安全保障义务,未能尽到安全保障义务的,应当承担侵权责任。同时,《侵权责任法》第十六条规定:"侵害他人造成人身损害的,应当赔偿医疗费、护理费、交通费等为治疗和康复支出的合理费用,以及因误工减少的收入。"本案中,经营者吴先生应当赔偿叶女士等人的医疗费、误工费等合理损失。

案例9:东方蜜瓜苗里有杂苗 原是种子混掺杂

【案例简介】

2018年3月,台州市三门县消保委浦坝港分会接到5位农户投诉称,其在当地某种子店购买的东方蜜瓜种子出的苗里有部分不是东方蜜瓜苗,怀疑种子有问题,要求帮忙解决。

【处理过程及结果】

接诉后,三门县消保委浦坝港分会工作人员立即介入,联系种子经营户和生产厂家。经过调查,该批种子为浦坝港当地的三家种子经营户于2017年底向新疆某种苗公司一次性购入的种子,共计30千克,购买后经重新包装卖给农户。据统计,该批分包种子一共卖出2700余包,涉及80余户农户的800余亩(约等于53公顷)瓜田。2018年2月,各农户按照要求育种出苗后,发现苗里有10%~15%的苗不是东方蜜瓜苗,后经厂家确认该瓜苗为西周蜜瓜苗。厂家倒查原因后发现,是因为其在晾晒种子的过程中不小心在东方蜜的种子里掺入了西周蜜的种子。查清原因后,消保委工作人员召集新疆种苗公司、浦坝港当地种子经营户、农户代表一同进行调解。经调解,由新疆种苗公司全额退还种子款16.75万元,并额外赔偿51.8万元给农户,浦坝港当地三家种子经营户共赔偿农户10万元,赔偿总金额为78.55万元。

【案例评析】

《消费者权益保护法》第八条规定,"消费者享有知悉其购买、使用的商品或者接受的服务的真实情况的权利。消费者有权根据商品或者服务的不同情况,要求经营者提供商品的价格、产地、生产者、用途、性能、规格、等级、主要成份、生产日期、有效期限、检验合格证明、使用方法说明书、售后服务,或者服务的内容、规格、费用等有关情况";第十一条规定,"消费者因购买、使用商品或者接受服务受到人身、财产损害的,享有依法获得赔偿的权利";第四十条规定,"消费者或者其他受害人因商品缺陷造成人身、财产损害的,可以向销售者要求赔偿,也可以向生产者要求赔偿"。本案中,农户购买了掺杂西州蜜瓜种子的东方蜜瓜种子,致使种出来的不全是农户自己选择需要的蜜瓜,给农户造成了经济损失,赔偿责任应由种苗公司和种子经营户共同分担。因此案涉及的农户多、经济损失大,三门县消保委高度重视,浦坝港分会工作人员尽心尽责,经过多方努力,最终使每位农户不仅收回了种子款,还获得了高额的赔偿金。

案例10:商户失联引发群体投诉 多方协同打造维权格局

【案情简介】

2018年9月12日起,台州市临海市消保委陆续接到多名消费者投诉,反映台州某汽车销售服务有限公司店面转让,导致购车人在购车时通过销售公司金融分期贷款购买车辆并交付的2000元押金无处退还,希望帮忙协商解决。

【处理过程及结果】

接到投诉后,临海市消保委高度重视,立即成立调查组展开调查。据初步核查,该汽车销售服务有限公司因公司发展问题不继续经营,自2016年8月17日将场地转租给另一家汽车销售服务有限公司。据调查,于2016年8月17日前交付2000元押金,即将还清贷款、需要退还押金的消费者共计48人,涉案金额近10万元。鉴于上述情况,临海市消保委会同临海市江南市场监管所、市消保委江南分会成立应急处理小组。一方面安排工作人员每天值班,专门受理消费者投诉,详细登记消费者损失情况、联系方式,并根据订单情况逐一核对,全面掌握消费者诉求;另一方面积极安抚消费者情绪,通过微信群畅通信息交流共享,耐心回复消费者问题,避免事态升级、恶化。由于涉案消费者人数众多,应急处理小组建议推选出5名消费者代表,先后进行了10多次座谈,协商解决方案。

经过多次协商调解,10月初两家汽车销售公司与48名消费者达成协议:原汽车销售公司承诺于2018年12月31日之前退还涉案的48名消费者的2000元押金;如若在2019年1月1日后,消费者仍未收到退款,转让后的公司将会代替原公司退还消费者2000元押金,该费用将从应支付给原公司的租金里扣除。至此,在临海市消保委、临海市江南市场监管所、市消保委江南分会的共同努力下,为消费者挽回经济损失合计9.6万元人民币,成功化解了这起群体性投诉事件。

【案例评析】

这是一起典型的群体性投诉事件,涉及两家经营者,40多名消费者,近10万元损失。商户负责人失联,群众普遍情绪激动,若不能妥善处理,很容易使得事态进一步恶化,造成严重后果,产生不稳定的社会因素。本案最终得以成功化解,最主要的一点在于临海市消保委有力地借助了社会各界的力量,成功地打造了社会共治的消费维权格局。认识到该案的严重性,临海市消保委、当地政府、各行政部门与市场管理方高度重视、积极作为、主动出击,联合成立第三方调解小组第一时间介入,引导舆论,营造氛围,施压原销售公司、接手经营户,在确保公平、公正、合理的前提下,提出切实有效的解决措施,充分发挥各方力量,做到以情动人、以理服人、以法育人,用真诚与努力获得消费者的理解与支持,取得了良好的社会效果。

（资料来源：申思婕.2018年浙江省十大维权典型案例发布.（2019-03-26）[2019-06-08].http://zj.cnr.cn/zjyw/20190312/t20190312_524540487.shtml.）

（思）（考）（题）

1.现实生活中你有遇到过维权难的事吗？最后是如何解决的？

2.谈谈你认为比较重要的消费者权益。

3.如何正当理性维权并保障自身基本权利？

参考文献

[1] 申思婕.2018年浙江省十大维权典型案例发布.（2019-03-26）[2019-06-08].http://zj.cnr.cn/zjyw/20190312/t20190312_524540487.shtml.

第五讲　理直气壮开好思政课①

一、思政课作用不可替代
二、上好思政课关键在教师
三、思政课改革实践举措

一、思政课作用不可替代

思想政治理论课作为落实立德树人根本任务的关键课程,对于办学治校、为党育人、为国育才具有特殊重要性,而且当前,我国处于近代以来最好的发展时期,世界处于百年未有之大变局,两者同步交织、相互激荡,"理直气壮开好思政课"对于进行伟大斗争、建设伟大工程、推进伟大事业、实现伟大梦想更具有重要意义,思政课作用不可替代。

(一)民族复兴的需要:教育强则国家强

习近平总书记在2016年全国高校思想政治工作会议上指出:"教育强则国家强。高等教育发展水平是一个国家发展水平和发展潜力的重要标志。实现中华民族伟大复兴,教育的地位和作用不可忽视。我们对高等教育的需要比以往任何时候都更加迫切,对科学知识和卓越人才的渴求比以往任何时候都更加强烈。"②教育作为人类知识传承和文明赓续的重要手段,事实上是一种精神文明的再生产形式,而这种文明赓续最重要的表征就是作为整个国家或民族的文化基因和价值诉求的代际传递和薪火相传。回眸中华民族5000多年历史,中华文明绵延不绝、未曾中断的一个重要原因,就是自古以来十分重视教育的作用。即使在

---

①出自习近平在学校思想政治理论课教师座谈会上的讲话。来源:张烁.习近平主持召开学校思想政治理论课教师座谈会强调:用新时代中国特色社会主义思想铸魂育人 贯彻党的教育方针落实立德树人根本任务.人民日报,2019-03-19(1)[2019-05-28].http://paper.people.com.cn/rmrb/html/2019-03/19/nw.D110000renmrb_20190319_2-01.htm.

②张烁.习近平在全国高校思想政治工作会议上强调:把思想政治工作贯穿教育教学全过程 开创我国高等教育事业发展新局面.(2016-12-09)[2019-05-28].http://dangjian.people.com.cn/n1/2016/1209/c117092-28936962.html.

革命战争年代,中国人民身受战争疾苦,也未曾放弃对知识教育的追求,"落后就要挨打"的苦厄困境让中国人民对先进理论的渴求反而更为强烈。也正因如此,近代中国迎来了马克思主义,它在中国大地广为传播,指导着中国人民在中国共产党的带领下"站起来"了。新中国成立后特别是改革开放以后,随着马克思主义与时俱进、中国特色社会主义理论体系创新发展,教育作为国家综合国力竞争的重要影响因素,在经济社会发展、高素质人才培养和国家创新能力等方面起着不可替代的作用,中国人民在中国共产党领导的社会主义现代化建设中"富起来"了。随着中国特色社会主义进入新时代,我们比以往任何时期都更加接近中华民族伟大复兴的宏伟目标,与此同时,以文化影响力和意识形态吸引力为核心的"软实力"在综合国力竞争中起着更为关键的作用。所以把立德树人作为中心环节,"理直气壮开好思政课",对于不断推动马克思主义中国化时代化大众化,以及中国共产党带领中国人民走向"强起来"的伟大复兴具有重要意义。

(二)教育发展的需要:扎根中国大地办教育

习近平总书记指出:"办好思想政治理论课,最根本的是要全面贯彻党的教育方针,解决好培养什么人、怎样培养人、为谁培养人这个根本问题。"[①]思想政治理论课作为一门关涉学生世界观、人生观、价值观、政治观、道德观、法制观等多项内容的关键课程,其目的是使学生具备符合一定社会发展水平和发展要求的思想道德水平与思想政治素质,即主要体现在思想观念、政治品质、道德人格和法制意识四大方面。换言之,思想政治理论课的目的是"立德树人"。而立什么"德"、树什么"人",这个问题本身包含着新时代我国教育发展的任务指向,即"培养什么人、怎样培养人、为谁培养人"的根本问题。马克思主义认为,人的发展要经历人的依赖性、以物的依赖性为基础的人的独立性、自由个性三个阶段,而我们所树之人事实上也就是自由个性阶段的德智体美劳全面发展的人。并且,教育作为一种客观的社会存在,是上层建筑的重要组成部分,它的性质由经济基础决定,并与政治制度、社会文化息息相关,决不会因为国家性质的差别或地域大小而有所改变。因此,我国独特的历史、文化和国情,决定了我们发展教育、培养人才决不能脱离中国特色社会主义这个最大实际,决定了我国教育发展方向必然要同我国发展的现实情况和未来方向紧密联系在一起,即我们要培养德智体美劳全面发展的社会主义建设者和接班人,而不是培养别的什么人,更不是培养社会主义的破坏者和掘墓人。所以在这个过程中,坚持正确的政治导向,巩固马克思主义在我国意识形态领域的指导地位,完成立德树人的根本任务,思想政治理论课起着基础保障作用。综上而言,要扎根中国大地办中国特色社会主义教育,开创我国高等教育发展新局面,必须发挥思政课对全社会思想文化建设的促进作用,"理直气壮开好思政课"。

(三)中国共产党长期执政的需要:立志于中华民族千秋伟业

习近平总书记指出:"我们党立志于中华民族千秋伟业,必须培养一代又一代拥护中国

---

①张烁.习近平主持召开学校思想政治理论课教师座谈会强调:用新时代中国特色社会主义思想铸魂育人贯彻党的教育方针落实立德树人根本任务.人民日报,2019-03-19(1)[2019-05-28].http://paper.people.com.cn/rmrb/html/2019-03/19/nw.D110000renmrb_20190319_2-01.htm.

共产党领导和我国社会主义制度、立志为中国特色社会主义事业奋斗终身的有用人才。"①青年兴则国家兴,青年强则国家强,青年一代有理想、有担当,国家就有前途,民族就有希望。中国共产党自成立以来,就把实现中华民族伟大复兴作为自己的历史使命,把人民对美好生活的向往作为自己的奋斗目标,把实现共产主义作为自己的最高理想和最终目标。而要实现这些目标、完成这些使命,不可能一蹴而就,不是敲锣打鼓、轻轻松松就能完成的,需要一代代中国共产党人和中国人民对优良传统的传承、坚持不懈的长期努力。正所谓"行百里者半九十",千秋基业,人才为先。中国共产党要致力于长期执政,一方面,必须要跳出"其兴也勃焉,其亡也忽焉"的历史周期律,不断加强党的先进性和纯洁性建设,提高党的执政能力和执政水平;另一方面,必须致力于培养一代代能够担当民族复兴大任的时代新人,为中国共产党长期执政储备起坚实可靠的后备力量和建设人才。党的十八大以来,我国思想政治理论课建设虽然取得了显著成绩,但也仍然面临着与新形势新任务不相适应的问题,包括课程内容相对陈旧,新思想阐释不到位;授课形式相对枯燥,新媒体运用不充分;授课教师在积极性、主动性和创造性上仍需进一步加强;等等。这就要求我们必须立足中国实际,坚持和发展当代中国鲜活的马克思主义,以绝对的理论清醒保持政治立场坚定,巩固马克思主义在意识形态领域的指导地位;同时,必须旗帜鲜明、毫不含糊地贯彻新时代的教育方针,"理直气壮开好思政课",落实立德树人根本任务,最终实现高等教育为人民服务,为中国共产党治国理政服务,为巩固和发展中国特色社会主义制度服务,为改革开放和社会主义现代化建设服务的宗旨。

思政课作用不可替代 思政课教师责任重大
——与会教师热议习近平总书记在学校思政课教师座谈会上重要讲话

"我们办中国特色社会主义教育,就是要理直气壮开好思政课,用新时代中国特色社会主义思想铸魂育人,引导学生增强中国特色社会主义道路自信、理论自信、制度自信、文化自信,厚植爱国主义情怀,把爱国情、强国志、报国行自觉融入坚持和发展中国特色社会主义事业、建设社会主义现代化强国、实现中华民族伟大复兴的奋斗之中。"3月18日,习近平总书记在学校思想政治理论课教师座谈会上发表重要讲话,引起与会教师热烈反响。

与会教师纷纷表示,习近平总书记的重要讲话为新时代学校思想政治理论课建设和发展指明了方向,要牢记使命、不负重托,完善课程体系、抓好教师队伍、推动内涵建设,努力培养担当民族复兴大任的时代新人,培养德智体美劳全面发展的社会主义建设者和接班人。

---

①张烁.习近平主持召开学校思想政治理论课教师座谈会强调:用新时代中国特色社会主义思想铸魂育人贯彻党的教育方针落实立德树人根本任务.人民日报,2019-03-19(1)[2019-05-28].http://paper.people.com.cn/rmrb/html/2019-03/19/nw.D110000renmrb_20190319_2-01.htm.

抓住"拔节孕穗期"，理直气壮开好思政课

"思想政治理论课是落实立德树人根本任务的关键课程。青少年阶段是人生的'拔节孕穗期'，最需要精心引导和栽培。"在强调思想政治理论课的重要作用时，习近平总书记语重心长。

"建设社会主义现代化强国、实现中华民族伟大复兴，思政课作用不可替代，思政课教师责任重大。"奋战在思政教育战线30余年，教育部高等学校思想政治理论课教学指导委员会主任委员、国家教材委员会专家顾海良越来越感受到党和国家对思想政治理论课的重视，"总书记的重要讲话，为加强高校思政课建设的科学性、针对性和实效性提供了理论指导和实践指南。其中，教师是关键、教材是基础。从教指委的工作层面，我们将进一步加强思想政治理论课的教师队伍培养，加强教学指导工作，做好教材修订编撰工作，真正提高思政课的教育教学质量。"

"思想政治工作是我们党的传家宝，是我们党各项工作的'生命线'。它不仅关涉我国大学的办学方向，也关系当代大学生的健康成长。习近平总书记的重要讲话高屋建瓴、掷地有声，既抓住了当前思想政治理论课存在的关键问题，又为我们指明了建设方向，让我们一线教师信心更足了，干劲更大了。"中国人民大学马克思主义学院教授刘建军表示，"新时代，广大思政课教师队伍必须要用豪迈的气概和振奋的精神武装自己，以理服人、以德感人，让思政课既要有润物无声的效果，也要有惊涛拍浪的声势，真正上到学生心坎里。"

"时代需要青年学生走在建功立业的前列。作为一名一线教师，我会把习近平总书记的重要讲话精神融入每一堂课程中，落实在三尺讲台和日常生活中，引领大学生与祖国同在、与人民同行、与时代同进。"上海交通大学马克思主义学院教授施索华表示。

坚持"六个要"，发挥教师积极性、主动性、创造性

习近平总书记强调，办好思想政治理论课关键在教师，关键在发挥教师的积极性、主动性、创造性。

"思政课是一门创新性、讲道理、有情怀的课程，思政课教师要给学生心灵埋下真善美的种子，引导学生扣好人生第一粒扣子，责任重大、使命光荣。"清华大学马克思主义学院院长艾四林说，"总书记对思政课教师提出了政治要强、情怀要深、思维要新、视野要广、自律要严、人格要正的'六个要'的要求，这是上好一堂精彩思政课的必备基础。思政课教师必须要做一个有信仰的人，在大是大非面前保持政治清醒；心里要时刻装着国家和民族，关注时代、关注社会、关注伟大实践；更要将这种情怀、关注与课堂教学紧密结合，给学生深刻的学习体验，才能真正把道理讲明白、讲清楚。这对教师的知识储备、创新精神等都提出了很高要求，我们将对标总书记对思政课教师的最新要求，补齐短板、狠抓落实，让思政课成为真正的'金课'。"

宁夏大学马克思主义学院教授党锐峰表示，让思政课更有深度和温度，不应该

只教给学生抽象的概念,更重要的是教给学生观察当代中国社会的立场、观点、方法。"思政课教师视野要宽广,做到知识视野、国际视野、历史视野的统一,要善于在历史和国际比较中凸显中国的特色和优势,讲好中国故事,发出中国声音。同时,思政课教师要严于律己,讲政治、讲纪律、讲规矩,要用渊博的学识、扎实的理论功底、强大的人格魅力感染人、吸引人。"

"作为天津市思想政治理论课名师工作室主持人,我将以更大的责任心和使命感帮助青年教师成长,继续面向全国办好名师讲堂和教学观摩活动,不断提升普惠性。同时,继续办好青年教师教学能力提升训练营,使青年教师们更好更快地掌握思想政治理论课教学规律,让更多老师上好思政课,让更多学生爱上思政课。"天津师范大学马克思主义学院教授李朝阳表示。

做好"八个相统一",推动思想政治理论课改革创新

"推动思想政治理论课改革创新,要不断增强思政课的思想性、理论性和亲和力、针对性。"习近平总书记关于思想政治理论课改革创新的明确要求,引发与会教师的深入思考。

"总书记强调,思政课创新要坚持政治性和学理性相统一、价值性和知识性相统一、建设性和批判性相统一、理论性和实践性相统一、统一性和多样性相统一、主导性和主体性相统一、灌输性和启发性相统一、显性教育和隐性教育相统一。"南开大学马克思主义学院院长王新生表示,这为思政课进一步改革发展、实现全员全程全方位育人明确了方向。

"'配方'要更科学、'工艺'要更精湛,'包装'要更时尚,真正增强学生的获得感,切实提升思想政治理论课的教学实效性。"北京师范大学马克思主义学院教授熊晓琳表示,当前意识形态领域斗争的复杂性、社会价值观的多元化等都为思政课建设提出了新的挑战,"思政课一是要以理服人,直面各种错误观点和思潮,结合现实生活,以彻底的思想理论说服学生;二是要以情动人,关注到学生的思想困惑,加大对学生认知规律和接受特点的研究,在不断启发中让学生水到渠成地得到结论。"

在座谈会上,复旦大学马克思主义学院高级讲师陈果向总书记汇报了自己将思政课与优秀传统文化进行有机融合的教学实践:"中华民族几千年来形成了博大精深的优秀传统文化,为思政课建设提供了深厚力量。思政课教师要善于从中汲取养分,在价值观教育中注入积极的文化情感教育。在教学方法上,要因事而化,因时而进,因势而新,同时要加强教学语言的运用,因势利导地抓住青年困惑,及时为他们解惑。"

"要运用新媒体、新技术使思政课活起来,推动思政课传统优势同信息技术高度融合,增强时代感和吸引力。"近年来,大连海事大学马克思主义学院教授曲建武每天都要花3个多小时更新微信公众号,与学生在网上互动交流。他说:"只有面对面、心贴心,才能把工作做到家、入心田。思政课既要有网上的交流互动,也要有

网下的讨论辅导;既要有课内的生动活泼,也要有课外的亲身实践。我们将以永远在路上的执着和韧劲,不断提升思政课质量,用习近平新时代中国特色社会主义思想铸魂育人。"

（资料来源:邓晖,叶乐峰.思政课作用不可替代 思政课教师责任重大:与会教师热议习近平总书记在学校思政课教师座谈会上重要讲话.光明日报,2019-03-19(4)[2019-05-28].http://epaper.gmw.cn/gmrb/html/2019-03/19/nw.D110000gmrb_20190319_3-04.htm.）

二、师生协力推动思政课改革创新

2019年3月18日,习近平总书记主持召开学校思想政治理论课教师座谈会,就如何办好新时代思政课作出了重要部署、提出了新要求,明确思政课作用不可替代,思政课教师队伍责任重大,要理直气壮开好思政课,为做好新时代学校思想政治工作、培养担当民族复兴大任的时代新人提供了重要遵循。习近平总书记的重要讲话,旗帜鲜明、言简意赅地指出开设思政课的必要性。思政课不仅只能加强不能削弱,而且必须提高水平,这关系到学生的个人成长,更关系到建设社会主义现代化强国、实现中华民族伟大复兴的中国梦。

我们的国家是一个社会主义国家,我们党立志于中华民族千秋伟业,必须培养一代又一代拥护中国共产党领导和我国社会主义制度、立志为中国特色社会主义事业奋斗终身的有用人才。在这个根本问题上,我们决不能含糊。如何培养社会主义接班人,路径也很明确——必须从学校抓起、从娃娃抓起,在大中小学循序渐进、螺旋上升地开设思想政治理论课,这是培养一代又一代社会主义建设者和接班人的重要保障。

思想政治建设是我们党不断赢得胜利的一个法宝。无论是血与火的战争年代,还是新中国建设、改革开放时期,善做思想政治工作,是我们党做好各项工作的重要保证和重要手段之一。青少年是祖国的未来、民族的希望。在改革开放和社会主义现代化建设的今天,思想政治教育依然是我们教育的法宝,思想政治理论课依然是落实立德树人根本任务的关键课程,必须开好上好。

然而,在个别地区、个别学校,思政课不扎根时代、不扎根实践的现象依然存在,教者无力、听者无心,小课堂与大课堂分离,没有完全发挥应有的作用。事实上,中国特色社会主义理论和实践发展进入新境界、中国特色社会主义取得举世瞩目的成就,中国特色社会主义道路自信、理论自信、制度自信、文化自信不断增强,为思政课建设提供了有力支撑;中华民族几千年来形成了博大精深的优秀传统文化,我们党带领人民在革命、建设、改革过程中锻造的革命文化和社会主义先进文化,为思政课建设提供了深厚力量;思政课建设长期以来形成的一系列规律性认识和成功经验,为思政课建设守正创新提供了重要基础。有了这些基础和条件,思政课完全应该、完全可以开好上好。

高素质的思政课教师队伍是理直气壮开好思政课的关键。习近平总书记在对全国教师提出"有理想信念、有道德情操、有扎实知识、有仁爱之心"的"四有"好老师标准的基础上,此次对思政课教师提出了标准更高、针对性更强的六点要求,即"政治要强、情怀要深、思维要新、视野要广、自律要严、人格要正"。

面对处在"拔节孕穗期"的青年学生,思政课教师要有新担当、新作为,要始终牢记为党育人、为国育才的重要使命,充分发挥积极性、主动性、创造性,以坚定的政治信仰、旗帜鲜明的政治立场、高尚的人格魅力和扎实的理论功底,理直气壮、用心用情用功讲好思政课。要始终坚持围绕学生,关心学生,把对党的教育事业的忠诚写在信仰的旗帜上,成为一个理想信念坚定的信仰传承者,以大爱情怀教书育人,做好学生的人生导师,把真善美的种子播撒在学生心田,努力成为党和国家信任、学生爱戴尊敬、政治可靠的新时代思政课教师。

理直气壮开好思政课,教师要乐为、敢为和有为。教育领域是意识形态斗争的前沿阵地。面对意识形态领域反分裂反渗透斗争的严峻现实,广大思政课教师要不断提升政治站位,增强政治敏锐性和政治鉴别力,突出思政课的思想性、政治性和原则性,要理直气壮、旗帜鲜明地批驳各种错误观点和思潮,既要防止"高级黑",也要防止"低级红";要坚持问题导向,紧密结合学生思想实际,纠正部分学生存在的片面、狭隘、模糊甚至错误的思想认识,以透彻的学理分析回应学生关切的问题,用真理的力量浸润和引导学生,引导学生不断增强"四个自信"、厚植爱国主义情怀,把爱国情、强国志、报国行自觉融入坚持和发展中国特色社会主义事业、建设社会主义现代化强国、实现中华民族伟大复兴的奋斗之中。

不断推动思想政治理论课改革创新是理直气壮开好思政课的生命力所在。把"有意义"内容讲得"有意思",必须创新思政课教学的手段和方式,采取学生喜闻乐见的形式,运用新媒体等接地气、形象化、通俗化的方式,坚持线上与线下、课内与课外、校内与校外的有效衔接,使思政课教学"活起来",做到既"营养丰富",又"美味可口"。深入推进习近平新时代中国特色社会主义思想进入学生头脑、融入学生思想、嵌入学生心灵,增进学生对习近平新时代中国特色社会主义思想的政治认同、思想认同、情感认同,从而实现用习近平新时代中国特色社会主义思想铸魂育人的目标。

触动心灵的教育才是最成功的教育。思政课教学的改革创新要重在往学生心里走、深里走和实里走。思政课改革创新是不断增强思政课吸引力和感染力的有效载体和手段,更是理直气壮开好思政课的生命力所在。

办好思政课关键在教师
——论学习贯彻习近平总书记在学校思政课教师座谈会上重要讲话

教师是立教之本、兴教之源。办好思政课,离不开一支政治素质过硬、业务能力精湛、育人水平高超的高素质专业化思政课教师队伍。

"办好思想政治理论课关键在教师,关键在发挥教师的积极性、主动性、创造性。"在学校思想政治理论课教师座谈会上,习近平总书记着眼培养社会主义建设者和接班人,高度评价思政课教师队伍在铸魂育人、立德树人方面的重大作用,深情嘱托广大思政课教师要给学生心灵埋下真善美的种子、引导学生扣好人生第一粒扣子,对加强思政课教师队伍建设提出了明确要求。习近平总书记的重要讲话,立意高远、情真意切,令人鼓舞、催人奋进。

"经师易求,人师难得。"党的十八大以来,以习近平同志为核心的党中央高度重视学校思想政治工作,注重加强思政课教师队伍建设,作出了重大决策部署,各地区各部门和各级各类学校采取切实有效办法认真贯彻落实,思政课教师队伍持续壮大、结构不断优化、整体素质进一步提升,形成了一支可信、可敬、可靠,乐为、敢为、有为的思政课教师队伍。广大思政课教师兢兢业业、甘于奉献、奋发有为,为我国教育事业发展作出了重要贡献。

落实立德树人根本任务、培养担当民族复兴大任的时代新人,思政课教师队伍使命光荣,责任重大。加强思政课教师队伍建设,就要按照习近平总书记提出的六个方面的要求,坚持政治要强、情怀要深、思维要新、视野要广、自律要严、人格要正。这六个方面的要求,是思政课教师队伍建设的重要标准,也是思政课教师提升素质和水平的努力方向。应当深刻认识到,广大思政课教师只有在大是大非面前保持政治清醒,在党和人民的伟大实践中关注时代、关注社会,汲取养分、丰富思想,善于引导学生树立正确的理想信念、学会正确的思维方法,以宽广的知识视野、国际视野、历史视野把一些道理讲明白、讲清楚,做到课上课下一致、网上网下一致,自觉做为学为人的表率、成为让学生喜爱的人,才能适应新时代发展需要,更好担负起时代赋予的重任。

"水之积也不厚,则其负大舟也无力。"传道者自己首先要明道、信道,育人者要先受教育。追求并确立大境界、大胸怀、大格局,就能给学生指点迷津、引领人生航向。广大思政课教师要自觉与习近平总书记提出的六个方面要求对标,以德立身、以德立学、以德施教,坚持教书和育人相统一,坚持言传和身教相统一,坚持潜心问道和关注社会相统一,坚持学术自由和学术规范相统一,自觉发挥积极性、主动性、创造性,用高尚的人格感染学生、赢得学生,用真理的力量感召学生,以深厚的理论功底赢得学生。

百年大计,教育为本。教育大计,教师为本。在中华民族5000多年文明发展史上,英雄辈出,大师荟萃,都与一代又一代教师的辛勤耕耘是分不开的。奋进新时代,踏上新征程,努力建设一支高素质专业化思政课教师队伍,更好落实立德树人根本任务,我们就一定能培养一代又一代拥护中国共产党领导和我国社会主义制度、立志为中国特色社会主义事业奋斗终身的有用人才。

(资料来源:本报评论员.办好思政课关键在教师:论学习贯彻习近平总书记在学校思政课教师座谈会上重要讲话.人民日报,2019-03-20(1)[2019-05-28].http://paper.people.com.cn/rmrb/html/2019-03/20/nw.D110000renmrb_20190320_6-01.htm.)

着力推动思政课改革创新
——论学习贯彻习近平总书记在学校思政课教师座谈会上重要讲话

因事而化、因时而进、因势而新。办好思政课，必须推动改革创新。

"推动思想政治理论课改革创新，要不断增强思政课的思想性、理论性和亲和力、针对性。"在学校思想政治理论课教师座谈会上，习近平总书记明确提出了推动思政课改革创新的重要目标，深入阐释了必须坚持的重要原则，为推动思政课改革创新指明了方向和路径，对于在新时代更好贯彻党的教育方针、落实立德树人根本任务具有重大意义。

浇花浇根，育人育心。思想政治工作从根本上说是做人的工作，实际上是一个释疑解惑的过程，要帮助学生认识人生应该在哪用力、对谁用情、如何用心、做什么样的人。办好思政课，必须遵循思想政治工作规律，遵循教书育人规律，遵循学生成长规律。如果因循守旧老一套，缺乏亲和力与针对性，不能满足学生成长发展需求和期待，就很难取得实效。只有沿用好办法，改进老办法，探索新办法，着力推动思政课改革创新，不断增强针对性、时代感和吸引力，才能使思政课润物无声地给学生以人生启迪、智慧光芒、精神力量。

着力推动思政课改革创新，就要深刻把握"八个相统一"。习近平总书记明确提出：坚持政治性和学理性相统一，坚持价值性和知识性相统一，坚持建设性和批判性相统一，坚持理论性和实践性相统一，坚持统一性和多样性相统一，坚持主导性和主体性相统一，坚持灌输性和启发性相统一，坚持显性教育和隐性教育相统一。这"八个相统一"，是思政课建设长期以来形成的一系列规律性认识和成功经验的科学概括，是推动思政课改革创新的重要原则。这"八个相统一"，直面思政课建设过程中的重大问题和广大教师关心的热点问题，从理论与实践相结合上作出了深刻回答，是不断增强思政课思想性、理论性和亲和力、针对性的关键所在。

着力推动思政课改革创新，就要始终贯彻"八个相统一"。这"八个相统一"，每一个都思想深刻，内涵丰富，只有结合思政课的教学实际，创新方式方法，才能让思政课有亲和力、吸引力、感染力，让学生喜闻乐见、受益无穷。比如，坚持政治性和学理性相统一，以透彻的学理分析回应学生，以彻底的思想理论说服学生，用真理的强大力量引导学生，才能让学生真学真信、愿学爱学。再比如，坚持理论性和实践性相统一，用科学理论培养人，重视思政课的实践性，把思政小课堂同社会大课堂结合起来，教育引导学生立鸿鹄志，做奋斗者，才能让学生加深对科学理论的理解把握，用以武装自己的头脑。还比如，坚持灌输性和启发性相统一，注重启发性教育，引导学生发现问题、分析问题、思考问题，在不断启发中让学生水到渠成得出结论，才能让科学理论春风化雨、滋润心灵，提高学生掌握和运用科学理论的能力。

"育才造士，为国之本。"青少年阶段是人生的"拔节孕穗期"，最需要精心引导和栽培。坚持用习近平新时代中国特色社会主义思想铸魂育人,着力推动思政课改革创新,引导学生增强"四个自信",把爱国情、强国志、报国行自觉融入坚持和发展中国特色社会主义事业、建设社会主义现代化强国、实现中华民族伟大复兴的奋斗之中,我们就一定能培养好德智体美劳全面发展的社会主义建设者和接班人。

(资料来源:本报评论员.着力推动思政课改革创新:论学习贯彻习近平总书记在学校思政课教师座谈会上重要讲话.人民日报,2019-03-21(2)[2019-05-28].http://paper.people.com.cn/rmrb/html/2019-03/21/nw.D110000renmrb_20190321_2-02.htm.)

把思政课建设摆上重要议程

"办好中国的事情,关键在党。各级党委要把思想政治理论课建设摆上重要议程,抓住制约思政课建设的突出问题,在工作格局、队伍建设、支持保障等方面采取有效措施。"在学校思想政治理论课教师座谈会上,习近平总书记发表重要讲话,为新时代改进和加强思政课建设明确了基本原则、规划了实现路径,对培养担当民族复兴大任的时代新人、培养德智体美劳全面发展的社会主义建设者和接班人具有重大意义。

"育才造士,为国之本。"70年,在人类历史长河中不过短短一瞬,而新中国所取得的成就却彪炳千秋。在中国共产党的领导下,无数中华儿女前仆后继,中华民族最终从追赶时代潮流跨越到立足时代前列,一刻不曾停歇地向着现代化目标稳步迈进。青少年是祖国的未来、民族的希望。站在新的历史起点上,我们必须培养好拥护中国共产党领导和我国社会主义制度、立志为中国特色社会主义事业奋斗终身的有用人才,加强理论武装、铸牢信仰基石,中华民族伟大复兴才能在一代又一代人的接续奋斗中成为现实。

办好思政课,要建立党委统一领导、党政齐抓共管、有关部门各负其责、全社会协同配合的工作格局。思想的力量,在于它能否引领时代发展、成为全社会共同的价值取向和行为准则。在立德树人的战线上,学校是战场,社会同样也是我们要坚守的阵地。推动形成全党全社会努力办好思政课、教师认真讲好思政课、学生积极学好思政课的良好氛围,需要学校党委书记、校长带头走进课堂,需要鼓励教学名师到思政课堂上讲课,需要各地区各部门负责同志积极到学校去讲思政课,共同担负起青年学子健康成长指导者和引路人的责任。

在为青年人打好精神底色、夯实人生根基的过程中,我们要不断改革创新,完善思政课建设的制度体系,破除思政课建设的各种阻碍。坚定的理想信念,不仅仅来自于讲坛宣讲和课堂聆听,还必须把所学所知联系现实生活、联系社会实践,从而提高思想政治工作育人质量、构建思想政治工作的强大合力。

春风化雨,润物无声。当前,中国特色社会主义进入新时代,中国人民对国家的未来充满信心,青年人的民族自豪感、时代责任感、历史使命感持续增强。我们要坚持马克思主义指导地位，深入学习贯彻习近平新时代中国特色社会主义思想，坚持社会主义办学方向，落实立德树人的根本任务，办好思政课，让党的事业更加兴旺，让中华民族的百年梦想成为光辉现实。

（资料来源：本报评论员.把思政课建设摆上重要议程.光明日报，2019-03-22（1）[2019-05-28].http://epaper.gmw.cn/gmrb/html/2019-03/22/nw.D110000gmrb_20190322_5-01.htm.）

三、思政课改革实践举措

新时代要理直气壮开好思政课，正如习近平总书记所说："要建立党委统一领导、党政齐抓共管、有关部门各负其责、全社会协同配合的工作格局，推动形成全党全社会努力办好思政课、教师认真讲好思政课、学生积极学好思政课的良好氛围。"[①]落实立德树人根本任务，要树立以学生为中心的理念，整合育人资源，着力破解高校育人工作中的不平衡不充分问题，加快形成全员全过程全方位育人体系，真正实现思政课"1+1≥2"的教育效果，培养能够担当民族复兴大任的时代新人。

（一）国家"统筹好"：推动思政课建设内涵式发展

国家"统筹好"意指优化新时代思想政治理论课的顶层设计和总体部署，目标指向是要推动思政课建设内涵式发展，具体任务包括明晰思政课学科属性，推动思政课学科体系建设，总结思政课基本规律。而为党育人、为国育才作为思想政治理论课的主要任务，无论处在"大中小"哪个学段，其终极培养目标都是一致的，因此要把统筹推进大中小学思政课一体化建设作为一项重要工程，推动思政课建设内涵式发展。

一方面，立德树人作为中国特色社会主义教育发展的中心环节，决定了理直气壮开好思政课要坚持育人与育德相统一的基本理念，而德育作为思想政治理论课的重要内容，在推进大中小学思政课一体化建设中具有高度的价值一致性和内容衔接性。因此，首先推动大中小学德育一体化工作具有可靠的现实必要性和理论可能性，但这一过程需要注意的是，由于各个学段德育目标的确定、教育内容的选择、教学方式的应用以及教育问题的设计等有所不同，为此在一体化建设中都要坚持围绕学生、关照学生、服务学生的理念，从学生的需求和阶段性发展特征出发，予以科学研究并有序推进。

另一方面，思想政治理论课作为一门以政治性和意识形态性为根本属性，兼顾学理性、知识性和多样性等特征的关键课程，政治教育是直接作用于学生头脑的核心教育内容，并在推进人的政治社会化过程中具有重要作用。但由于青少年在不同年龄阶段对政治教育的接

---

① 张烁.习近平主持召开学校思想政治理论课教师座谈会强调:用新时代中国特色社会主义思想铸魂育人 贯彻党的教育方针落实立德树人根本任务.人民日报，2019-03-19（1）[2019-05-28].http://paper.people.com.cn/rmrb/html/2019-03/19/nw.D110000renmrb_20190319_2-01.htm.

受度和理解度不同,影响政治教育实效性的因素也变得复杂,这不仅使思政课在大中小学一体化建设过程中的难度更大,而且对推动一体化工作的教育部门及教育工作者要求更高。因此,在这一统筹过程中,教育部门要更注重在大中小学的课程设计上下功夫,增强各个阶段思政课程的连续性、承接性和贯通性,实现一体化建设科学有效。

(二)社会"参与好":共同发力于学生成长成人成才

"随风潜入夜,润物细无声。"社会"参与好",即是实现全员育人、全程育人、全方位育人"三全育人"体系中的全员育人,因其目标指向全社会,既外在突出一个"全"字,又共同发力于学生成长成人成才。正因如此,不可回避的一点是全社会范围内思想政治教育工作的真正参与者及其实际参与度最难以把控。因此,新时代理直气壮开好思政课要通过社会"参与好"实现思政课"细无声"的教育效果,必须重点指向以下几个维度:

第一,社会参与的"广度"。全员育人既讲究全员融入思想政治教育工作当中,也讲究思想政治教育渗透到全员生活当中,因此更注重以习惯带动习惯、以品质熏陶品质、以优秀激励优秀、以榜样促进榜样、以意志感染意志等潜移默化的教育作用。

第二,社会参与的"深度"。基于全员思政的无组织性和随机性特点,要切实发挥思想政治教育工作的育人作用,还需要专业的思想政治教育工作者科学进行,因此在推进全员育人过程中仍需聚焦关键少数,即发挥专、兼职思政工作者的作用,包括党政领导干部、专职思政课教师、学科带头人、兼职团党员骨干等人。

第三,社会参与的"温度"。全员育人的目的在于营造百花齐放、特色鲜明的良好氛围,这就需要通过关注学生的思想水平和心理动态,在关心、温暖和感化中为思政"升温",在机制的物质激励或精神鼓励下为思政"增温",进而提升思想政治教育的实效。

第四,社会参与的"效度"。要在全员参与的过程中,重视社会实践的育人功能,把思政小课堂同社会大课堂衔接起来,推动思政课堂直面社会现实问题,增强思想政治理论课的现实针对性和问题时效性。

(三)党委"领导好":把从严管理和科学治理结合起来

坚持党的领导,是新时代理直气壮开好思政课的根本保证。要实现党委"领导好",就要认真贯彻习近平总书记的重要指示:"各级党委要把思想政治理论课建设摆上重要议程,抓住制约思政课建设的突出问题,在工作格局、队伍建设、支持保障等方面采取有效措施。"①这不仅对各级党委领导干部提出了重视思政、抓住问题、从严管理、科学治理的要求,而且还承担着传播马克思主义理论、推动习近平新时代中国特色社会主义思想"进校园、进课堂、进学生头脑"的重要责任。为此,各级党委必须从以下几项工作重点着手:

第一,要树立"大思政"理念,建立"大思政"工作格局。围绕学校思想政治教育阵地,推动学校各个阵地资源整合,实现资源优化配置,从而发挥各阵地的协同育人作用,齐抓共管,

①张烁.习近平主持召开学校思想政治理论课教师座谈会强调:用新时代中国特色社会主义思想铸魂育人 贯彻党的教育方针落实立德树人根本任务.人民日报,2019-03-19(1)[2019-05-28].http://paper.people. com.cn/rmrb/html/2019-03/19/nw.D110000renmrb_20190319_2-01.htm.

推动思想政治工作贯穿教育教学全过程,实现全过程、全方位育人。

第二,要从队伍建设入手。一方面,配齐建强思想政治理论课教师队伍,全面提升思想政治理论课教师的思想理论素质,增强思想政治理论课教师的人格魅力;另一方面,切实把学校党政团干部、辅导员队伍、哲学社会科学课教师和心理咨询教师等人员"线式"连接起来,把思想政治工作与统战工作、知识分子工作、人才工作"面式"结合起来,共同融入思想政治教育工作当中,建成专职为主、专兼结合、数量充足、素质优良的思政课教师队伍。

第三,要带头走进课堂,带头推动思政课建设,带头联系思政课教师。各级党委领导干部不仅是学校思想政治工作的组织者、参与者,更是思想政治工作的传播者、践行者,既对思政工作的理论传播和现实实践具有较强示范带动效应,又关系到思政工作在学校各层面、各领域的落实。

第四,要明确各级领导干部的具体责任,加强目标管理和责任考核,同时建立健全各个层面的思想政治教育工作机制、考核机制与激励惩戒机制等,完善思想政治教育工作。

(四)学校"落实好":使各类课程与思政课同向而行

新时代理直气壮开好思政课,要实现学校"落实好",即如习近平总书记所说:"要完善课程体系,解决好各类课程和思政课相互配合的问题,鼓励教学名师到思政课堂上讲课。各地区各部门负责同志要积极到学校去讲思政课。"[①]学校要遵循思想政治工作规律、教书育人规律、学生成长成才规律,用好课堂教学这个主渠道,实现思政课教师主讲的"思政课程"与专业课教师主导的"课程思政"相互统一。为此,要坚持社会主义办学方向,把以学生为本的育人理念落到实处。

一方面,推动思想政治工作纵向贯通。既通过"课程思政"平台,打造思政课程、综合素养课程和专业教育课程"三位一体"的课程体系;又通过其他各门课"守好一段渠,种好责任田",实现"思政课程"与"课程思政"相统一,实现协同育人作用。

另一方面,推动思想政治工作横向联通。既通过学校各阵地履行好"种好责任田,守好一方土"的职责,切实构建起"十大育人"体系,充分发挥课程、科研、实践、文化、网络、心理、管理、服务、资助、组织等方面工作的育人功能;又通过建设课堂教学、校园文化和社会实践多位一体的育人平台,集聚多方合力,形成协同效应,实现全员全过程全方位育人。

(五)教师"讲好":让有信仰的人讲信仰

理直气壮开好思政课,教师"讲好"是最终实现学生"学好"的关键环节。思想政治理论课不同于一般专业课程,其授课内容的政治性、授课问题的复杂性以及授课群体的广泛性等都对思想政治理论课教师提出了更高要求、对思想政治理论课教学提出了诸多挑战。新时代思想政治理论课教师要理直气壮讲好思政课,没有长久的实践积累和过硬的素质储备,并非易事。这就要求教师:

---

① 张烁.习近平主持召开学校思想政治理论课教师座谈会强调:用新时代中国特色社会主义思想铸魂育人 贯彻党的教育方针落实立德树人根本任务.人民日报,2019-03-19(1)[2019-05-28].http://paper.people. com.cn/rmrb/html/2019-03/19/nw.D110000renmrb_20190319_2-01.htm.

第一,自身素质过硬,具体包括政治素质、理论素质、道德素质、哲学素质、审美素质等。政治素质过硬是"讲信仰"的前提条件,"有信仰"才能"讲信仰";理论素质过硬是"讲思想"的前提条件,"有思想"才能"讲思想";道德素质过硬是"讲道德"的前提条件,"有道德"才能"讲道德";审美素质过硬是"讲审美"的前提条件,"有审美"才能"讲审美"。唯有如此,才能真正感召学生、赢得学生。

第二,真学、真懂、真信、真用。新时代思想政治理论课教师作为坚定的马克思主义者,不仅要理直气壮地讲述马克思主义经典原理以及马克思主义中国化的已有成果,还要用习近平新时代中国特色社会主义思想铸魂育人,并结合实际把习近平新时代中国特色社会主义思想真正融入教材、化入教学、转入课堂,教育引导学生牢固树立"四个自信",提升思想政治理论课的时代感和实效性。

第三,发挥自己的积极性、主动性、创造性,不断推动思想政治理论课守正创新,办得越来越好。生逢其时,也重任在肩。新时代思政课教师要完成立德树人根本任务,就要坚持为党育人的初心不忘、为国育才的立场不改,热爱课堂、回归讲台、敬畏讲台,不断创新教学方法,提升教学能力和教学水平,唯有如此才能理直气壮开好思政课,最终做到学生"真学真懂""真爱真信""真用真行"。

听他的思政课 学生的表情亮了

"同学们觉得你特别擅长讲故事,私下都叫你'段子'老师,你喜欢这个称呼吗?"对于这个总是被人问起的"爆款"问题,山东理工大学马克思主义学院教师岳松总是既点头又摆手。

他解释道,如果能用讲"段子"的方式增强思政课教学的吸引力,让学生爱听,更好地达成教学效果,那他非常乐于接受这个"荣誉称号";如果抛开思政课的理论"根",只追求娱乐性的开心"果",那是对教师身份的一种误读和误判。教师,特别是思政课教师,要想办法赢得学生,而非简单地迎合学生。

回答问题轻松,但要把思政课讲得有意思却并不容易。已从教13年的岳松,从登上讲台到站稳讲台,走过的是一番从满足"虚荣心"到收获职业幸福感的成长历程。

初遇信息时代"职业危机"

岳松师范出身,对讲台并不发怵,当年就读的学校狠抓授课基本功,普通话、粉笔字、教师仪态、基本电化教学设备操作一样不落,大四时足足半年的实讲实训让他对讲台非常熟悉。

"参加工作前,我的信心很足,觉得自己练了这么久,做好工作肯定没有问题。"话到此处,岳松的表情有些尴尬。与自己设想的完全不同,岳松初上讲台迎来的既不是掌声,也不是嘘声,而是冷场。

"说实话，自己真是接受不了，哪怕学生骂我两句，说说我哪里讲得不好，也比老师台上自说自话，学生台下想做什么就做什么强。"

这样的课堂状态持续数周后，经过系统思考，岳松慢慢意识到，自己遭遇的，并非是学生"刁难"自己的职业危机，而是一场所有教师都必须要面对的信息时代授课方式变革的挑战。

在信息碎片化、爆炸化的互联网时代，学生的信息获取方式、学习偏好、认知策略已经发生了天翻地覆的改变，仅靠规章制度约束，动辄以"挂科"相威胁，靠点名"逼"学生进教室是远远不够的，当下所有的老师都无法绕开的难题，是和手机屏、电脑屏投射的那一片小光源争夺学生。

长时间遭遇授课冷场，课堂进入"你讲你的、我玩我的""师生两忘、互不指望"的状态后，有的老师也变得"佛系"起来——上课，我既不会迟到，也不会早退；内容，我既不会少讲，也不愿多说；命题，既不会超纲，也不算简单；至于学生，你们学还是不学，老师我已经尽力了，咱们师生一场，能有多少收获就随缘吧。

岳松坦言，自己也在"佛系"教师状态徘徊过一段时间，后来，是"虚荣心"拉回了自己。"我是个死要面子的人，学生不抬头，自尊心受不了。"岳松讲这句话时很是认真。

可是，在当前的信息时代，讲好课很难，讲好思政课更难。较之其他课程，思政课理论性强，逻辑严密，很多内容侧重于讲道理，如果不能和社会现实、学生的需求紧密联系，学生会觉得既无用、又无聊。无须一周，上课三分钟，如果教师授课的"打开方式"不对，这节课乃至这门课，就已经"失败"了。

为思政课研制"独家配方"

思政课到底怎么教，才能做到"配方"先进、"工艺"精湛、"包装"时尚？如何切实提升学生的思政课学习获得感，让课程有虚有实、有棱有角、有情有义、有滋有味？

"形势与政策"课没有教材，信息量大，热点更新快，学生自己手机上的App都看不过来，想把课的资料再打包给他，即便顺丰包邮到家，他都懒得伸手去拿。想在这门课上做出成绩，教师必须得结合课程特点另想办法。

"形势与政策"讲什么？岳松认为，其内容与课程"恰好"同名，"形、势、政、策"四个字就能概括。

形，是识体辨形，讲清观察形势和理解政策的正确立场、观点、方法，这是立足课程视角，让学生站得高。势，是国际局势，这是立足外部视角，让学生见识广。政，是党政方针，这是立足内部视角，让学生深刻理解国情。策，是发展策略，这是立足个人视角，让学生觉得课程有用。

讲清上述问题后，学生站位高，才会有理论自信；见识广，才会有道路自信；深刻理解认同自己的国家，才会有制度自信；获得发展，认同自己的中国人身份，民族自豪感油然而生，才会有文化自信。

"形势与政策"怎么教？岳松的"独门秘籍"是——多角度切入，讲清理论，代入现实，贴近学生，力求实效。

讲授"一带一路"专题时，岳松精心设计了一个如何帮助巴基斯坦山区小姑娘解决缺电问题的小故事，情节"百转千回"，巧妙融入了我国发展面临困境、破局的关键，让学生如同玩游戏一样，在"打怪升级"中解决问题，"顺带"学习了国家规划。

有学生笑谈，岳老师喜欢提问，动不动就是"人生三连击"——学"形策"可否助力找工作？学"形策"可否告别单身不寂寞？学"形策"可否指导创业提升自我？有趣的设问恰到好处地搔到了学生的"痒处"，不知不觉间，学生对党政方针政策产生了亲切感，有了关注的意愿和行动。

马斯洛需求层次理论指出，人的发展，要经由"生理、安全、社交、尊重、自我实现"由低到高五个层级的演进。岳松认为，在教育教学中，要引导学生"向上走"，追求自我实现，为社会主义现代化国家多做贡献。但在和学生的沟通交往中，要"向下看"，只有关注学生的生理、安全、社交等基本诉求，学生才能把你当朋友、当亲人。为他好，他才能理解你的好。思政教师要做的，就是"对接"学生需要，生产这种"地气"，打破理论与学生需求之间的隔膜。

经过这样的"故事"化课程设计与"有温度"的教学包装，授课节奏分明，彻底告别平铺直叙和"有声版讲义"，学生的"小我"融入了时代发展潮流中，结合形势谋划个人发展，大中有小，以小见大——岳松开心地发现，课堂上学生们重新抬起了头。

"觊觎"思政育人新天地

教室内学生的目光重新回到了自己身上，岳松并未满足，课堂时间太短，教师能展示的"窗口"非常受限，他又开始"觊觎"学生手中的那一片"新天地"。

"现在'低头族'太多，想和手机'抢风头'太难了。"岳松说，强迫学生不用手机是不现实也不厚道的，应该做的，是"攻克"他们的手机，传递我们的"信息"。

2016年，岳松又将"拆课程""讲故事""编段子"的禀赋移植到了网络上，独立开设运营名为"脱口岳"的微信公众号。他说，如果课堂上主要是在"讲理论"，那网络上必须重视"讲感情"，亲其师，才能信其道，学生认同你这个人，你说的话他才会听。

课上课下，网内网外，岳松开始持续发力，以思政课为平台，聚焦学生三观养成和成长成才，凝练"金句"，多渠道超越课堂并进行传播。

他苦口婆心地叮嘱学生："周一本人体重72千克，周五称得69千克，其间我上了20节课，经计算可得，每节课约有150克的知识点，请大家务必及时归纳总结，以备考试。"

关于年轻人需具备的认真态度，他举例："认真需要追求细节，要从情书用纸的颜色考虑到岳父的休闲娱乐，你才能对找对象运筹帷幄。"

如今，这一公众号已积累233篇聚焦大学生成长困惑的原创文章，逾50万字，粉丝数从初建时的400余人增至20000余人，收获留言评论6200余条……仅仅3

年,岳松便将其打造成了不折不扣的"爆款"。

"现在我已经不担心学生上课玩手机了,我还经常鼓励他们看手机,课上提供二维码,学生扫码看文章,开展讨论,手机端已经成为授课的一部分。"岳松难掩兴奋地告诉记者。

在学生眼中,岳老师"三观超正,语言超皮",这一来之不易的评价,初始于一名思政课教师的"虚荣心";折射出的,却是一名有积极性、主动性和创造性的教师,愿意担当,勇于担当,努力付出,务求给学生心灵埋下真善美的种子,引导学生扣好人生第一粒扣子的职业精神。

今年37岁的岳松,最"引人注目"的,是他额头上方的一大丛白发。

"我白头发的数量和课程的有趣程度呈正相关关系。"岳松说,思政课老师只有赢得了学生,获得了他们的尊重,才能真正收获认同,才能把"理直气壮开好思政课"落到实处。

(资料来源:赵秋丽,李志臣,黄文娟.听他的思政课 学生的表情亮了.光明日报,2019-05-06(8)[2019-05-28].http://epaper.gmw.cn/gmrb/html/2019-05/06/nw.D110000gmrb_20190506_1-08.htm)

天津高校精心创建一百门习近平新时代中国特色社会主义思想示范课——打造有意义又有意思的思政课

一个个生动故事阐明深刻道理,一次次热烈讨论解开学生心中疑惑,形式丰富多彩、线上线下融合的教学令课堂充满活力……这是如今天津高校思政课堂的真实写照。思政课焕发出盎然生机,这得益于天津在全市高校开展的习近平新时代中国特色社会主义思想示范课创建工作。

一年前,示范课创建正式启动,天津56所本专科高校近千名思政课教师踊跃参与,各高校在校级创建的基础上,择优选拔推荐了223门课程参与市级创建。经过一年的创建,全市集中录制了示范课程视频近1000学时,形成了200余万字的详细教案。天津市委教育工作委员会、市教育委员会组织专家对223门课程进行了逐一审查,从中评选出100门习近平新时代中国特色社会主义思想示范课程,投入500万元专项资金,运用线上线下相结合的形式进行推广。

这100门示范课程坚持直面现实,紧密围绕学生关注的疑难点问题,正面解答、有力回应,努力让习近平新时代中国特色社会主义思想渗透到教育教学中,着力打造美味的思政课"营养大餐"。

将时政热点融入教学

"寒假结束后,很多同学都是坐高铁回学校的。那么大家想一想,中国高铁已经有了'和谐号',为何还要再制造一个'复兴号'?"天津大学的"思想道德修养与法律基础"课上,青年教师栾淳钰提出这样一个问题。经过学生一番激烈讨论后,栾淳钰说:"其实,'和谐号'是中国高铁在'引进吸收消化再创新'的道路上诞生的。2012年以来,我国大胆进行改革创新,开展了中国标准动车组设计研制工作,'中国制造'的中国标准动车组'复兴号'应运而生,它的速度更快、容量更大、能耗更低。可以说,'复兴号'是中国梦的完美诠释……"说完后,课堂上响起了热烈的掌声。

将时政热点融入课堂教学,是示范课创建的必然要求。而做好这件事,就需要有好的教案来支撑。2018年初,天津从全市抽调49名思政课专家,在全国率先编写了53万字的教学指导方案,其中选取了120多个案例、500多个史实场景,为广大思政课教师讲好课做好了充足的资源储备。与此同时,全市思政课教师集中开展了4期习近平新时代中国特色社会主义思想教学实践专题培训,开展有针对性的跨校集体备课40余场,确保讲得清、讲得准、讲得透。

南开大学思政课教师肖光文结合学生对"孟晚舟事件"的普遍关注,深度分析加拿大无故扣押华为副总裁孟晚舟背后的原因,将爱国情怀和自主创新精神有机渗透其中,在对学生产生强大吸引力的同时实现了潜移默化的教育效果。

天津师范大学思政课教师吴建永通过调研分析,将学生对于共产主义理想信念的模糊认识集中概括为"虚无论""渺茫论""速成论"三个部分,并通过十八大以来"反腐风暴""国企改革""精准扶贫""共享经济"等生动案例,引导学生走出认知误区,端正理想信念。天津师范大学学生唐依琳说:"听了老师的讲述,我对党的认识、对社会主义的认识一下子清晰起来。"

用社会热点回应疑问

"'网红'跟才女有什么区别呢?"

在天津外国语大学的"毛泽东思想和中国特色社会主义理论体系概论"课上,教师郑海呐讲述"坚定文化自信,建设社会主义文化强国"这一章节的内容时,提出了这个问题。随着课件的播放,一张张才女的照片呈现在学生面前:林徽因、冰心、萧红、凌叔华、林海音……对比现在的"网红"后,学生们纷纷给出答案:所谓的"网红"只是外表美丽,缺乏内涵,注定是过眼云烟。该校英语学院学生莫丹说:"这节课让我深刻理解了文化修养的重要性。'腹有诗书气自华',我要多读书,让自己成为有气质的女性。"

天津在全市高校集中开展了学生关注的热点问题和疑难点问题征集活动,经大数据分析,选定了100个学生最关注的理想信念和人生价值观困惑问题,将问题解答融入思政课教育教学,课程的吸引力和教育效果直线提升。

天津城建大学教师屈彩霞在讲授"新民主主义革命道路"时,用红军后代江满凤艰苦朴素的事迹直击学生内心,很多学生流下了感动的热泪。

天津城市建设管理职业学院教师韩颖授课时紧密结合高职院校的技能教育特点,以传承劳模精神和工匠精神为抓手,将学生的思想激励和技能提升有机融合。学生庞磊说:"老师讲了很多工匠大师的成长故事。每堂课收获都很大。"

以多种形式因材施教

"现在,和我一起穿越回到1920年。你是一名早期马克思主义者,要通过绘制海报的方式宣传马克思主义。"天津科技大学的一节"中国近现代史纲要"课上,教师安雅琴结合艺术学院学生的特点,要求他们绘制一张海报,"请大家充分发挥想象力,想想通过构建什么样的画面,让工人阶级了解共产主义。"

这个特别的任务让学生们兴奋起来,经过构思,学生们创作出了"被压迫的工人""锁链""米饭"等主题海报。"创作过程中,我理解了抽象的'马克思主义是推动全世界无产阶级和全人类彻底解放的学说',理解了马克思主义是历史和人民的选择。"学生訾博洋说。

天津工业大学教师黄燕在给环境科学与工程学院学生上课时,为他们展示了宁河拆除国家湿地公园,把有收益的旅游开发项目变成候鸟栖息地的画面。学生李绍鹏说:"候鸟在湿地上自由飞翔的场景,让我对生态文明建设有了全新的认识,明白了生态文明建设不单要算经济账,还要算政治、经济、社会、文化等共同发展的大账。"

示范课创建过程中,各校教师非常注重针对不同专业学生采用不同的授课方式,让学生在喜闻乐见的形式中理解课程内容,让思政课从"有意义"变得"有意思"。同时,线上线下的形式也被充分利用起来,天津各高校全面打造出"互联网+思政课"的教学体系。

天津工业大学教师聂丽琴在上"马克思主义基本原理概论"课时,在"蓝墨云班课"手机App上播放了电影《功夫熊猫3》的片段。视频结束了,课堂大讨论开始:阿宝是英雄吗? 何为英雄? 这个时代有英雄吗? 你想不想成为英雄? 如何成为英雄?

天津外国语大学开辟了思政课"朗读者"线上活动,组织学生朗读相关文件内容,通过"线上线下相带动,朗读讨论相结合,教师学生相助力"的方法,吸引数千学生热情参与,实现了课下自学和课堂教学的双赢。

天津财经大学运用新媒体移动技术,将课上教学和线上辅导有机融合,特别是通过问卷调查实时了解学生思想动态,开展针对性教学,得到学生的普遍认可。该校金融系学生钟珍说:"几乎每节课老师都能解答我的困惑,让我有茅塞顿开的感觉。"

(资料来源:陈欣然.打造有意义又有意思的思政课.中国教育报,2019-05-07(1)[2019-05-28].http://paper.jyb.cn/zgjyb/html/2019-05/07/content_517797.htm?div=-1.)

思考题

1.如何理解开好思政课的重要性？

2.如何理直气壮开好思政课？

3.谈一谈办好思政课可以有哪些举措。

参考文献

[1] 张烁.习近平主持召开学校思想政治理论课教师座谈会强调:用新时代中国特色社会主义思想铸魂育人 贯彻党的教育方针落实立德树人根本任务.人民日报,2019-03-19(1)[2019-05-28].http://paper.people.com.cn/rmrb/html/2019-03/19/nw.D110000renmrb_20190319_2-01.htm.

[2] 张烁.习近平在全国高校思想政治工作会议上强调:把思想政治工作贯穿教育教学全过程 开创我国高等教育事业发展新局面.(2016-12-09)[2019-05-28].http://dangjian.people.com.cn/n1/2016/1209/c117092-28936962.html.

[3] 吴晶,胡浩.习近平:坚持中国特色社会主义教育发展道路 培养德智体美劳全面发展的社会主义建设者和接班人.(2018-09-10)[2019-5-28].http://www.xinhuanet.com/politics/2018-09/10/c_1123408400.htm.

[4] 刘左元.不可替代 责任重大:谈召开学校思想政治理论课教师座谈会的重大意义.北京教育(德育),2019(3):16-17.

[5] 王学俭,杨昌华.立德树人:中国特色社会主义高校的立身之本.新疆师范大学学报(哲学社会科学版),2018(1):2,56-64.

[6] 王学俭,许斯诺."理直气壮开好思政课"的战略意义、力量来源、基本要求和实践举措.新疆师范大学学报(哲学社会科学版),2019(4):15-24.

[7] 邓晖,叶乐峰.思政课作用不可替代 思政课教师责任重大:与会教师热议习近平总书记在学校思政课教师座谈会上重要讲话.光明日报,2019-03-19(4)[2019-05-28].http://epaper.gmw.cn/gmrb/html/2019-03/19/nw.D110000gmrb_20190319_3-04.htm.

[8] 《光明日报》评论员.理直气壮开好思政课.光明日报,2019-03-20(1)[2019-05-28].http://epaper.gmw.cn/gmrb/html/2019-03/20/nw.D110000gmrb_20190320_3-01.htm.

[9] 孙秀玲.理直气壮办好思政课.光明日报,2019-04-10(6)[2019-05-28].http://epaper.gmw.cn/gmrb/html/2019-04/10/nw.D110000gmrb_20190410_2-06.htm.

[10] 《人民日报》评论员.办好思政课关键在教师:论学习贯彻习近平总书记在学校思政课教师座谈会上重要讲话.人民日报,2019-03-20(1)[2019-05-28].http://paper.people.com.cn/rmrb/html/2019-03/20/nw.D110000renmrb_20190320_6-01.htm.

[11] 《人民日报》评论员.着力推动思政课改革创新:论学习贯彻习近平总书记在学校思政课教师座谈会上重要讲话.人民日报,2019-03-21(2)[2019-05-28].http://paper.people.com.cn/rmrb/html/2019-03/21/nw.D110000renmrb_20190321_2-02.htm.

[12]《光明日报》评论员.把思政课建设摆上重要议程.光明日报,2019-03-22(1)[2019-05-28].http://epaper.gmw.cn/gmrb/html/2019-03/22/nw.D110000gmrb_20190322_5-01.htm.

[13] 赵秋丽,李志臣,黄文娟.听他的思政课 学生的表情亮了.光明日报,2019-05-06(8)[2019-05-28].http://epaper.gmw.cn/gmrb/html/2019-05/06/nw.D110000gmrb_20190506_1-08.htm.

[14] 陈欣然.打造有意义又有意思的思政课.中国教育报,2019-05-07(1)[2019-05-28].http://paper.jyb.cn/zgjyb/html/2019-05/07/content_517797.htm?div=-1.

第六讲　共享经济的发展趋势

一、什么是共享经济
二、共享经济存在的问题
三、共享经济的发展前景

　　当前我国经济发展面临许多严峻的挑战,比如产能过剩、产业结构失调、资源生态危机、技术创新能力不足等。在这种形势下,如何创造新的经济增长点,建立现代化经济体系,是当前我国各级政府和民间大众普遍关心的问题。国务院2015年7月发布的《关于积极推进"互联网+"行动的指导意见》强调,要形成更广泛的以互联网为基础设施和创新要素的经济社会发展新形态,以坚持开放共享为基本原则,营造开放包容的发展环境,将互联网作为生产生活要素共享的重要平台,最大限度优化资源配置,加快形成以开放、共享为特征的经济社会运行新模式。在移动互联、大数据、云计算等技术支撑下,共享经济成为一个快速发展的领域,并成为提升资源配置效率的重要方式,重在提升闲置资源的利用效率,缓释供求矛盾。

　　在中国,自2008年开始,受到国外共享经济发展的影响,很多领域开始出现共享经济活动。此后,随着中国移动互联网信息技术及相关技术的发展,国内外共享经济运营模式的不断完善,以及2014年国家提出的"大众创业、万众创新"的号召,共享经济在中国迅速发展。

　　刚刚过去的2018年,对于共享经济来说,是一个巨大的考验。从2016年的快速崛起,到2017年的遍地开花,再到2018年的烦恼不断,共享经济行业经历了较大起伏。伴随一波波共享单车、共享汽车、共享充电宝等诸多领域相关企业的倒闭停业、合并收购,社会一部分人对共享经济提出质疑。那么共享经济未来的发展前景到底如何?

一、什么是共享经济

(一)共享经济的概念

　　共享经济是移动互联网浪潮下实现经济与社会价值创新的新形态,是人类技术进步的产物,是基于技术手段提升闲置资源利用效率的新范式。其主要特点是通过一个由第三方创建的、以信息技术为基础的市场平台,实现个体之间直接的商品与服务交换,通过移动LBS(基于位置的服务)应用、动态算法与定价、支付、双方互评体系等一系列机制的建立,使供给方与需求方通过共享经济平台进行交易。共享经济之所以能够持续、快速发展,是产权分离、分工细化、交易费用、网络外部性等经济规律共同作用的结果。它基于互联网技术的新思维方式和资源配置模式,通过闲置资源的高效再利用,替代了传统生产力成为供求矛盾的有效解决方式之一,在其初步发展阶段所呈现的特点是盘活存量、人人共享。

1978年,美国社会学教授马科斯·费尔逊和琼·斯潘思发表论文《社区结构与协同消费:一个常规方法》,文中首次提出"协同消费"的概念,认为人们需要的是产品使用价值,而非产品本身,租用比购买更加实惠。协同消费的实质就是共享经济,但在当时,这种协同或者共享还不是在互联网基础上的实践。哈佛大学历史学和商务管理教授南希·科恩认为,共享经济是个体之间进行的直接交换商品与服务的系统。这个交换系统理论可以涵盖许多方面,包括闲置物品、闲置房间或闲置车位等物品或服务的共享。受益于互联网、移动互联网技术的迅猛发展,人与人之间实现了无时空限制的连接,从而保证了这种共享行为的便捷性与可行性。通过互联网,供给者与消费者进行点对点的交换,实现更加便捷、实惠、舒适的商品与服务的消费。

共享经济最早在美国兴起,是利用闲置的房源、车辆、时间、技能服务等进行共享,进而产生经济价值。当我们把一个商品的支配权和使用权分开来,同时转让使用权的时候,就产生了共享经济理念。共享是指"使用而非拥有",这是所有共享经济主张中共有的内核。2015年2月美国《时代》周刊描绘了共享经济模式下繁荣的商业景象:优步(Uber)公司在短短5年内就成长为世界TOP150公司,超过了著名的联邦快递公司,市值高达412亿美元;而爱彼迎(Airbnb)公司的市值已超过130亿美元,接近希尔顿国际公司市值的50%,每天有42.5万人通过Airbnb实现住宿需求。如今涉及共享经济模式的公司业务范围广泛,布茨曼和罗杰斯将共享经济概括为四大类别:共享消费、共享生产、共享学习及共享金融。

党的十八届五中全会明确了"十三五"期间"创新、协调、绿色、开放、共享"五大发展理念,并提出发展"分享经济"。《中共中央关于制定国民经济和社会发展第十三个五年规划的建议》指出,共享是中国特色社会主义的本质要求,必须坚持发展为了人民、发展依靠人民、发展成果由人民共享,要通过更有效的制度安排,使全体人民在共建共享的发展中有更多的获得感,增强发展动力,增进人民团结,朝着共同富裕方向稳步前进。可见,坚持创新发展、协调发展、绿色发展、开放发展、共享发展,是关系我国发展全局的一场深刻变革。共享经济作为"互联网+"时代下的"新经济""新商业"业态,发展时间不长,但发展速度很快。来自国家信息中心的数据显示,2016—2018年,我国共享经济市场交易额连续三年以年均40%以上的速度增长。

从思想意识的角度来讲,共享经济源于共享思想。卢德之认为,共享是人与人、人与社会、人与自然之间的一种共生、共存、共发展的关系。共享思想就是有关于这些关系的系统思考与研究。传统的共享思想早已有之,无论是中国春秋时期孔子提出的"大同"思想,还是近代革命先驱孙中山倡导的"大同",无论是古希腊时期柏拉图提出的"理想国",还是马克思所说的"共产主义",都是典型的共享思想。

从经济学的角度讲,共享经济是伴随着信息科技、云计算等互联网技术的发展而兴起的一种租赁经济模式,即以生产资料和生活资源的使用而非拥有为产权基础,以租代买,实现互通有无,人人参与、协同消费,充分利用闲置资源,挖掘过剩产能的巨大价值的新型经济形态。共享经济的基础是人们把商品和服务的使用权看得比拥有权更重,只要是通过集聚资源、商品或者服务来提供使用,都可以是共享。共享经济创新的本质在于将未被充分利用的资源转化成对拥有者有利的资源,提高了资源的配置效率,降低了成本,从而使供给方和需求方都从中获利。

(二)共享经济的特征

基于国内外运行情况和经验,不同类型的共享经济模式虽大相径庭,但是,基本都具有四个重要的特征。

1.以实现共享为目标

共享不是新概念,其实人类社会历史上从来都不缺少共享行为,个别的、零星的人与人之间的物品使用权的共享行为绝非新潮之举,恐怕自人类出现起就有了。传统社会里,由于信息沟通困难,供求匹配的即时信息难以传递,以致陌生人之间的共享行为成本太高,共享只能是一种偶发现象。而实现智能手机、个人电脑高度普及的今天,由互联网公司利用互联网技术建立的信息中介平台可以极大地减少信息沟通的成本,以更高效率实现供需双方的匹配,而且随着这样的信息中介平台的规模的扩大,很容易形成规模效应。低交易成本是共享经济规模快速扩张的主要成因。共享经济的基本理念是"协同"和"合作",强调"我的就是你的""我的就是我们的""我帮助别人""别人帮助我"的价值观。通过重复利用产品,充分利用每一个产品的价值,减少新产品的消费,达到"去物质化"。强调产品设计应该在个人消费需求与集体利益两者之间找到一个健康的平衡点,其实质是使用权的共享。对剩余物资或服务的分享,使闲置资源再利用,是共享经济的本质特征,也是共享经济之协作消费的核心价值。共享经济之所以成本极低,原因在于闲置物品的机会成本几乎为零,而对于所有者而言,共享所带来的收益是意外之财。

2.以互联平台为依托

共享经济基于现代通信和互联网技术形成一个新平台,在这个平台上供给方形成资源供给池,需求方形成资源需求池,供求双方在平台上进行资源集约和需求匹配。由于技术的支持,共享经济使得供求双方的匹配可以跨越时间和空间的约束,变成一个成本较低甚至是边际成本递减、效率提升较为显著的过程。平台下的共享经济商业活动,是借助互联网技术,可以跨越时间空间进行供需对接,而不管是共享产品还是共享空间,都是因为这些需求的物和人是分散化存在于这个社会中的,随机性太大,这些资源或知识由于一些关联被连接起来,不受物理地域的限制,但是广泛地分散在社会中。所以共享经济商业活动的第一大创新点,就是将这些看似杂乱无章的物资和人员,通过自己的平台进行整合和集中,展示在这个开放的平台中,拥有特定资源又乐意共享出来的用户,可以通过发布信息的方式加入。通过这种方式,平台上的资源越来越多,用户的自发性越来越强大。共享经济的内涵是去中介化和再中介化过程。去中介化是供需双方不再依附传统商业组织,如P2P借贷使资金供给者和资金需求者不再需要依附于银行等金融组织进行资金调配,可以直接匹配;打车软件使得服务者与乘客不再需要出租公司等商业组织,服务者与乘客可以直接匹配。不难看出,共享经济是去中介化,使得金融、出租车等行业脱媒。同样,共享经济又是再中介化过程,供需双方依附共享经济平台。如P2P借贷,资金供给者和资金需求者需要借助于P2P网络借贷平台实现资金供需匹配,服务者和乘客需要借助于打车软件实现供需匹配,共享经济平台成为供需双方的"新中介"。

从行业覆盖来看,共享经济也正加速渗透到人们衣食住行的诸多领域,深刻改变着人们生产和消费的方式。目前,共享经济涵盖教育、物品、健康、食品、物流仓储、服务、交通、基础设施、空间、城市建设以及金融等各个领域。参与共享的主体也不再仅仅是个人,出现了企业级共享的趋势。共享经济对国民经济的修复和重塑,大大超出了人们的预期。此外,共享经济也正撼动着传统经济理论的根基。

3.以开放盘活为基础

绝大多数共享经济业务模式都具有开放性,共享经济对于所有的资源拥有者和资源需求者开放,具有同等的进入门槛,主要通过集聚来实现规模效应和供求匹配,即一个双边匹配平台。如果这种匹配性高,那么就具有自我强化的功能,开发性使得其能够吸引更多的供给者和需求者,双边匹配,平台功能不断强化成为一个要素集聚中心。从技术层面上说,共享经济的接口大多数亦是开放,可以连接共享经济其他相关的参与者,这种范围更大的开放性,使得共享经济可以形成一个自我完善的生态体系,变成一个多边市场平台。

共享经济是将闲置资源的所有权和使用权相分离,暂时转移闲置资源的所有权,并且,闲置资源的使用一般以重复、高频、高效作为基本特征。从宏观角度出发,共享经济可以有效缩小个人对资源要素的占用规模和减少个人对资源要素的占用时间,降低经济社会发展的资源能源压力。以共享标的使用权作为交易对象,共享经济形成了个体化的所有权和社会化的使用权的有效结合。在共享经济的发展中,由于对非有形资源的利用成为日益盛行的共享经济模式,所有权的界定并非就是必要的环节,此时的共享经济更多变成了一种非有形资源或服务的供求匹配模式。共享经济可分为营利性共享经济和非营利性共享经济,非营利性共享经济更多突出的是闲置资源的个性化再使用或再分配,注重的是与需求者之间的供求匹配体验,而非价格因素。这种变化与消费者对于所有权与使用权的认知变化是紧密相关的,消费者更加注重产品和服务的使用,而不太关注产品价格与权属。

4.以信任机制为纽带

信任机制是共享经济发展的纽带。现代社会大量的交易行为发生在陌生人之间,而共享经济活动也建立在陌生人的交易基础上。不同于熟人社会之间的交易,陌生人之间的交易必须解决信任问题,所以一个完善可信的信任体系是发展并维持共享经济商业活动的重要机制。当一种新的商业模式产生的时候,要通过商业信誉吸引用户去使用,才能创造它的价值。例如网约车服务,如何保证用户对司机的信任是达成交易的主要约束条件。由于网约车司机认证相对容易,信任机制问题必须由平台公司解决,提供公司信用,从而消除乘客对自身安全的担忧。平台公司可以通过大数据应用,以及用户与平台之间的互动,用户之间的互相评价和推荐,建立自己的信用评价体系。共享经济本质上是一种信用经济,信任系统在共享经济体系的构建和运行过程中起决定性作用。产品、服务的供给方与需求方唯有彼此信任才有可能完成实际交易。因此,在共享经济发展过程中,信用系统的构建与完善格外重要。

信任是一切交易的前提条件,更是共享经济运行的基础。信息技术革命之前,社会无法建立对共享者和使用者的有效评价体系,交易行为难免会出现欺诈、以次充好、跳单等种种不诚信行为。这种行为会大大提高交易成本,降低经济运行效率。而在以互联网技术为代表的现代信息技术出现以后,由于交易的电子化,其可记录、可追踪的特点,使得交易双方的信用信息接近透明化;而大量的互动式平台又为交易双方提供了事前与事后信用评估的机会,这些都将大大增加陌生人之间的信任感,使得共享行为有了坚强的社会信任基础。

(三)共享经济的要素

共享经济的运行需要以下三个基本要素。

1.闲置资源

从广义上讲,共享经济可以分享个人所拥有的一切闲置资源,从车、房、机器等固定资产到金钱等金融资产再到时间、知识等无形资产。闲置资源是共享经济的消费行为里最明显的要素。对市场来说,如果共享经济市场中的参与主体拥有的闲置资产吸引其他参与者,那就能以较低的边际成本将闲置资产或商品的使用权转出去,并且获得可观的边际收益。而很多商品的使用次数是有限的,或者不会经常使用,对于个体用户而言,这些商品在其他时间对别的用户来说可能是很有用的。所以共享经济充分体现了这一点,帮助闲置的空间、时间、技能、物品在恰当的时间找到恰当的需求用户,不仅降低了使用的成本,更延长了物品的使用年限和提高了使用率。共享经济模式下已有资产和资源的功能被重新挖掘和利用,并产生新的价值。越来越多的个体开放了私有物品的使用权,种类繁多,不一而足。滴滴出行等车辆共享平台提高了已有车辆资源的利用效率,扩展了大众乘车的渠道;Airbnb、小猪短租等房屋共享平台有助于盘活房地产库存,使闲置空间产生价值;58到家等家政服务网络平台把更多的闲散劳动力配置到有需要的家庭。

在共享经济所涉行业不断扩展的同时,共享经济的层次也在不断深化。个人可以从共享自己的闲置资源中获得利益,那么商业组织、政府的闲置资源也可以收到同样的效果。而公共资源和准公共资源的共享,其规模更大,对人类生产、生活方式的塑造也更具有变革性的影响。

2.人人参与

人人参与既是共享经济形成的条件,又是结果。如果没有人参与或者很少人参与,就难以形成支撑共享经济存在的规模,而一旦当共享经济达到一定规模后,累积循环效应会吸引越来越多的人参与其中。人人参与有两个含义,一个是人人参与供给,另一个是人人参与消费。共享经济模式下,商品和服务的供应者可以不是组织严密的厂商,而是许许多多分散的个体,像租房、租车等服务的提供,没有广泛的个体参与根本不可能达到便捷、及时、降低成本的效果。因此共享经济也是规模经济,以往分散的、微不足道的个体通过共享平台聚集到一起就会产生可观的经济和社会效益。即使共享经济的供给方是公司组织,也需要人人参与。以共享单车为例,共享单车要实现便捷、经济的目标,就要大量投放,而大量投放则要求人人都去使用它,这样才能提高使用效率,分散固定成本。形成规模之后,个体甚至可以节省购买私有单车的支出。另外,使用共享单车能够降低对机动车的过度依赖,对环境产生正的外部效应。人人参与才能人人获益,共享经济具有强大的群众基础,因而也就极具生命力。这是一个人人为我、我为人人的共同分享的系统。

3.共享平台

"共享平台"是指利用电子终端设备及通信网络搭建的虚拟平台,其功能在于完成信息的交换。共享经济是信息技术进步的产物,它有一个逐步演进的过程。在互联网发展早期,能共享的信息有限,并且仅限于少部分人;在电脑和网络普及的时代,有价值的内容和信息开始在网上共享;如今,通信基础设施的进一步完善、商业应用的开发、消费习惯的改变等多重因素结合在一起,使线上信息与线下资源互动得以实现,此时才有了真正意义上的共享经济。基于信息技术建立的共享经济相对于传统的商业模式有多方面的优势。首先,虚拟平台几乎不占用更多的土地,它为商品和服务的供求双方提供了无限广阔的交易空间,节省了地租成本。其次,随着手机、电脑等电子消费品的普及,互联网的利用率越来越高,供需双方很容易与共享平台对接,降低了准入成本。再次,共享平台能够促成供需双方的迅速匹配,从而降低了搜寻成本。通过精准匹配,共享平台释放出隐藏在闲置资源中的价值,包括资产、时间、专业知识以及创造力。最后,上述因素把数以亿计的分散个体聚集到共享平台上进行交易,形成规模经济,爆发出巨大的商业价值。

以上三个要素中,闲置资源是共享经济发展的基础,共享平台是共享经济运行的载体,人人参与则为共享经济发展提供了基本动力。

二、共享经济存在的问题

共享经济在改善经济生活,变革经济发展方式,给人们带来方便的同时,也存在一些问题,主要表现为以下两点。

(一)社会管理成本日增

共享经济能够发展和壮大的前提是信用体系的存在。由于历史原因,目前我国的整体信用环境处于较低水平,国家层面权威统一的信用体系仍亟须建立和完善,社会整体的信用文化和信用环境仍需不断培养和提高,部分人信用意识的缺乏导致在市场经济活动中出现了失信行为,其中个人行为不规范表现尤为突出。以共享单车为例,共享单车的乱停乱放、刮擦二维码、上私锁等问题多次成为新闻热点,既反映了部分人素质偏低,也暴露了共享经济个人端行为难以约束的问题。共享经济的实现既需要具备充足的硬件设施,也离不开个人行为的自觉性。当前我国共享经济尚处于起步阶段,现实中,一些贪图小便宜的人的不良行为习惯在一定程度上阻碍了共享经济的健康发展。

共享经济在短时间内集中较快发展,吸引了大量企业参与竞争,使社会资源快速集中和扩散,这既对相关部门的管理能力提出挑战,也增加了社会管理成本。还是以共享单车为例。城市用地资源有限,目前共享单车挤占了行人道,在上下班高峰的时候,由于行人太多,需要推行自行车是常事。此外,还经常出现共享单车占用停车场、花园、地铁口等地方空间的现象,在许多方面都造成管理难题,增加了社会运行成本。这种不良现象及社会管理成本的增加被无形转嫁到广大民众身上,最终由消费者买单,造成资源浪费与消费者负担的加重。

(二)法律法规监管缺位

由于共享经济属于新生事物,共享经济行为中存在法律法规漏洞和模糊地带,存在隐患。特别是在共享经济发展初期,很多人看到商机都想从中分一杯羹,导致行业恶性竞争、竞争失序等情况出现,而相关监管部门由于无法可依,也不知如何执法,使得上述情况愈演愈烈。共享单车可以说是典型代表。2015年上半年,全国第一辆无桩共享单车ofo在北京出现。2016年4月,摩拜单车在上海上线。在资本加持和舆论热捧之下,共享单车迅即成为最大风口。到2016年底,全国各地已经出现至少25家共享单车品牌,一时间共享单车遍地开花,单车的颜色从红色、橙色到绿色、蓝色……当时网上的段子是"留给共享单车企业的颜色不多了"。但是,一拥而上的结果就是惨烈的"补贴大战",硬件成本烧钱、运营成本过高、价格战下微薄的收入等原因渐渐让单车企业捉襟见肘,当风口过后,大批共享单车企业死去。2016年融资额排名第三的小鸣单车,在2018年3月宣告破产,成为首个破产的共享单车品牌。继小鸣单车之后,酷奇单车、悟空单车等企业也因类似的原因相继停运、倒闭。2018年2月时,交通运输部副部长刘小明透露,全国77家共享单车企业中有20余家倒闭或者停止运营。如今,连头部市场的ofo也不能幸免。2018年12月下旬开始,ofo小黄车深陷退押金大潮。

共享经济具有跨区域、跨行业和网络化的特点,现有法律条文已不能适应其发展。一方面,面对共享经济从业人员社保及养老保险问题,电商平台的税收监管问题等诸多新问题,现有法律条文都没有明确的规定。另一方面,许多监管条例细则与现实情况仍不匹配,导致共享经济企业的业务开展长期处于涉嫌违规的灰色地带,阻碍了市场创新。此外,监管的缺失以及第三方平台较低的准入门槛,致使部分平台对用户的资格审查不够严格,交易中存在一定的安全保障漏洞。消费者利益受到侵害时,缺少各方提供的保障,共享平台通常不为用户在服务过程中遇到的风险事故提供保障,利用现有法律法规难以厘清责任。分享经济作为一种新的商业模式,对现有法律法规提出了新的挑战,监管部门亟须完善和创新监管方式,迅速研究和制定能够适应共享经济的法律体系。

共享经济,为美好生活注入新动力

【圆桌对话】

嘉宾:

刘世锦 全国政协经济委员会副主任、国务院发展研究中心原副主任

肖　钢 全国政协委员、中国证监会原主席

刘尚希 全国政协委员,中国财政科学研究院院长、党委书记

丁元竹 全国政协委员,中央党校(国家行政学院)社会和生态文明教研部副主任、教授

张新红 国家信息中心首席信息师、分享经济研究中心主任

主持人:

《光明日报》记者 俞海萍

不知不觉间,城市的道路上出现了小黄车、小蓝车,餐厅里、车站里、电影院里出现了共享充电宝、共享雨伞,旅游出行有民宿短租,共享办公、共享服装、共享车位、共享健身仓……

共享经济正在潜移默化地影响我们的生活,改变着我们的观念,为社会治理、公共服务、产业发展、创业创新等方面带来前所未有的改变。

怎么看待"万物共享"的概念?它会怎样改变我们的生产生活?未来的发展趋势如何?我们邀请了五位专家进行探讨。

1.经济新动力带来发展新气象

记者:共享经济本质特征是依托互联网、物联网等技术和相关平台,促进资源更高效率的配置与利用,也越来越深刻地影响了我们的生产生活。您怎样看待共享经济的概念?它有哪些不一样的呈现形态?会带来哪些新的气象?

刘世锦:就共享经济的概念而言,大体上说,共享经济有一个平台,有一张网,在平台上聚集了大量的供方和需方,以前所未有的时间和空间尺度进行匹配交易,大幅度提高了资源配置效率。

它有几个特点。一是大多数交易采取所有权和使用权分离的形态;二是供求双方相互对接、匹配、组合的可能性、灵活性比以往有了若干个数量级的提升;三是消费者往往也是生产者,积极性、创造性空前增加。

目前共享经济概念不大清楚,恰恰说明了共享经济具有非常大的发展潜能。从调研和接触到的资料看,共享经济发展有几个重要特征。一是发展迅速、涉及面宽;二是从模式创新到技术创新,再到产业组织创新;三是共享经济正在形成新的增长动能。

肖钢:共享经济与诚信社会建设是相辅相成、相互促进的。资源拥有者、资源使用者和平台运营者互不相识即可完成交易、分享资源,其基本前提就是信任。相反,随着共享经济信用数据不断积累和运用,人们对共享平台以及共享资源或服务的接受度与信任度进一步催生共享经济与信用信息体系发展。

刘尚希:共享经济正在颠覆现有的政府与市场关系。现有的政府与市场关系是建立在工业经济基础之上。工业经济是以专业化、集中化、规模化、标准化为特征的经济组织方式,由此形成与此对应的社会结构和政府组织体系。

在工业社会向信息社会转换过程中,共享经济成为不同于工业的新型经济组织方式,通过互联网、物联网、大数据和人工智能,把原来时空隔离的供需连接起来,各种资源被数字化,实现生产价值和消费价值的共享。政府该管什么、不该管

什么,其理论依据从固定界域的公共产品转变为共享行为中的公共风险。

丁元竹:共享经济最主要的社会意义是对"高增长、高消费",尤其是一次性消费与"用一次就扔"的消费观念和消费行为的革命。这种基于互联网技术的新型经济业态,带来了人与人关系模式的改变,必将改变社会保障的体制机制,也预示着市场的监管方式将得到改变,基于雇佣方式的社会保障体系将进行相应创新。

张新红:在共享经济快速发展的时代背景下,我国制造业产能共享正悄然兴起,出现了多种产能共享模式,对促进制造业转型升级的作用开始体现。

调研发现,多种模式的产能共享平台开始涌现。从平台发起主体看有四种类型:一是互联网创业者发起组建的产能共享平台,二是行业主管机构牵头打造的产能共享平台,三是行业龙头企业牵头打造的垂直性产能共享平台,四是制造企业依托优势资源搭建的众创型共享平台。

2.实践探索中稳步前进

记者:我国共享经济规模持续扩大,质量不断提升,创新创造活跃,为经济转型发展和扩大就业注入了强劲动力,在一些领域引领了世界潮流。作为一种新生事物,共享经济也遇到成长的烦恼。您怎么看待共享经济目前遇到的挑战,以及长远的发展趋势?

刘世锦:共享经济带来以前未曾遇到的挑战。共享经济具有新旧动能转换的特性,总体来看明显提高了效率。更大挑战来自于政府与企业的关系。政企之间关联界面发生了重要变化。

共享经济平台上聚集了企业,平台本身也是企业,它向平台上的企业提供基础设施和公共服务,与政府有关部门的关系与过去有很大不同。政府提供的公共服务与平台企业所提供的具有公共产品性质的产品发生错位或冲突。共享经济中企业注册地与经营范围全国性甚至国际化之间的矛盾。

肖钢:调研发现,诚信体系建设仍然滞后,信用体系覆盖面较低,主要问题表现在:一是法规缺失,有关部门对共享经济平台征集数据的资格统一发放执照,但对征集数据的内容、行为以及运用没有规范;二是信用信息割裂,现在由民企运营的个人信用体系和网络支付系统,基本实现与共享经济平台的无缝对接,但政府部门公共数据开放不够;三是信用信息保护薄弱,在互联网和移动通信的模式下,共享经济平台存在过度采集用户信息的情况。

刘尚希:要解决当前制约共享经济发展的问题,应抓住以下几点:

一是把劳动关系与社保关系分开。建议尽快修法,以与共享经济发展相适应。

二是对平台企业的市场准入、监管标准,宜粗不宜细。适当调整"发展与监管并重"的思路,鼓励创新、激励发展应放在第一位。监管应当以公共风险为出发点和落脚点。

三是改变"谁审批、谁监管,谁主管、谁监管"的传统监管分工。

四是不用旧的规则来约束新事物,多一些包容,少一些"规范"。应用"可控的无序"来衡量共享经济发展中的风险。

张新红:从发展趋势看,制造业将成为共享经济的"主战场",表现在以下几个方面:一是越来越多的制造业领头企业开始布局产能共享,二是细分领域将出现"一业一平台"态势,三是资源配置方式变化引发产业组织创新,四是产能共享平台的智能化、生态化、国际化步伐加快。

3.以良法"善治"促健康发展

记者:解决共享经济发展"好不好"的问题,要提高共享经济治理水平,以良法"善治"促进共享经济高质量发展。您认为,在这个过程中,新的经济形态对政府的管理思路、理念、方式提出了哪些新要求?

刘世锦:共享经济发展很快,一些地方发展与监管的矛盾日益突出,但仓促出台全国性管制法规并非明智。鼓励地方政府先行先试,搞一些弹性较大的指导意见或试行办法,允许"自选动作",经过一段时间总结比较提高,再形成全国性法规政策。

肖钢:要加快建设共享经济的诚信体系。

一要抓紧制定有关法规,明确共享平台在诚信体系建设中的权利、责任和义务,规范其采集、运用各参与主体信用信息的行为,监督平台数据系统安全运营,明确共享平台信用信息报送或共享的原则、内容、方式和标准要求,将共享经济相关主体信用情况纳入政府征信系统,支持推动共享平台、第三方征信机构及政府部门信用平台对接。

二要适当开放政府部门的公共数据,对经过认证的共享平台可授予一定权限查询有关部门、企业和个人征信系统以及犯罪记录信息系统,并由其承担相应责任。

三要建立共享经济的信用信息共享联盟,强化行业自律管理,实行诚信行为"红黑名单"制度,建立跨地域跨行业的守信联合激励和失信联合惩戒机制。

四要开展共享经济信用大数据应用示范,支持共享经济平台利用大数据监测、用户双向评价、第三方认证、第三方信用评级,强化用户身份认证、信用评级、风险预警和信用管理能力。

五要遵循属地化管理原则,对共享经济平台的监管应以注册地为主,并建立注册地与非注册地相关管理部门之间依法履行监管职责的联动机制,探索政府部门、企业用户和公众共同参与、协同治理新模式。

刘尚希:促进共享经济健康发展亟须转变政府监管理念。政府监管要从"裁判"转向"领队"。工业经济基础上的科层组织管理延伸到整个社会,形成了政府制定规则、市场遵守规则的公共管理格局。以平台型组织为标志的信息社会已经来临,大数据为守信激励和失信惩戒提供了技术手段,但个人行为数据可能被滥用成为新的公共风险。

政府要有效监管市场,离不开市场提供的技术手段,也离不开市场主体的自律相配合,特别是平台型企业的自我监管。

政府应当转向"领队"角色,引领共治,实现人人参与,共建规则,人人遵守,人人共享。这种共治理念铸成的协同监管方式,与当前全面深化改革的总目标,实现国家治理的现代化也是内在一致的。

丁元竹:随着参与共享经济的自由职业者不断增加,政府须制定统一的劳动标准,建立相应的补偿保险、健康福利、休假、探亲假、补偿金制度以及保护残疾人权益等政策。

张新红:产能共享的健康快速发展还需要进一步营造好的环境。就产能共享发展方面,有以下几点建议:

一是加强产能共享相关的研究和宣传。及时总结推广成功经验与做法,形成示范案例,在全社会营造关心、支持和创新发展共享经济尤其是产能共享的良好氛围。

二是政府产业投资基金对产能共享多看一眼,对已经成形且有较好发展前景的创新平台"见苗浇水"。同时,鼓励和引导各类风险基金更多支持产能共享平台发展。

三是有关部门和地方政府研究制定产能共享发展指导意见或行动计划,鼓励行业主管部门、行业领头企业搭建产能共享平台,在资金、税收、科研奖励、金融信贷、服务创新等方面予以政策倾斜,助力实现"业业有平台"。

(资料来源:俞海萍.共享经济,为美好生活注入新动力.光明日报,2019-02-16(7)[2019-05-26].http://epaper.gmw.cn/gmrb/html/2019-02/16/nw.D110000gmrb_20190216_1-07.htm.)

三、共享经济的发展前景

共享经济是互联网技术革命和经济高速发展背景下催生的产物,适逢其时地在我国生根发芽并发展壮大,且未来还将持续这一增势。国家信息中心发布的《中国共享经济发展年度报告(2019)》显示,2018年我国共享经济市场交易额为29420亿元,比上年增长41.6%;平台员工数为598万人,比上年增长7.5%;共享经济参与者人数约7.6亿人,其中提供服务者人数约7500万人,比上年增长7.1%。共享经济推动服务业结构优化、快速增长和消费方式转型的新动能作用日益凸显。近三年来,出行、住宿、餐饮等领域的共享经济新业态对行业增长的拉动作用分别为每年1.6、2.1和1.6个百分点。未来三年,我国共享经济仍将保持年均30%以上的增长速度,在稳就业和促消费方面的潜力将得到进一步释放。共享经济也将成为人工智能等新技术创新应用的重要场景,在身份核验、内容治理、辅助决策、风险防控、服务评价、网络与信息安全监管等方面发挥越来越重要的作用。

当前,全国已有超过半数人口参与到了共享经济中,共享经济已经深入到交通出行、生活服务、生产能力、房屋住宿、知识技能等领域,影响改变着人们生活的基本方式。"信用互联,共享未来"是共享经济持久发展的伟大远景。

第一,优化和提升社会产业,有利于增加社会就业。目前共享经济发展最快的领域主要集中在服务业,服务业的共享是依托互联网平台整合线下餐饮、家政、美容美体、社区配送等生活服务机构及个人闲置时间、技能等闲置资源,以更便捷的方式满足人们生活服务需求的一类经济活动。共享经济平台通过实现线上线下的有机融合,有力地创造了多个工作岗位需求,而且创造了更多的交易关系,任何具有闲置资源的人都可以成为供给者而获得收益。共享经济下的消费主体不再是以往简单纯粹的供应方和需求方,消费过程需要投资人、创业者、第三方资源的高速联动,从深层次来讲,涉及供应方需求方关系、上下游关系、服务机构和创业者关系、投资人和投资人关系、投资人和创业者关系、创业者和创业者关系等。在这样一张庞大立体的网络交易网中,发生交易的点很多,可以通俗地说成"羊毛出在猪身上,最后狗来买单了"。所以,共享经济下的消费模式不是简单地供应方和需求方发生关系,而是多个交易主体参与其中,除了直接的消费本身外,更有延伸服务的发生。

第二,合理配置社会资源,缓和社会矛盾。共享经济属于新兴的经济模式,是对传统经济发展的新突破,适用于拥有闲置资源的个人和组织。便利的网络条件和即时的信息通道使人们在创业的同时能够有效降低创业成本,为社会就业提供便利途径,提高人民的收入水平。在共享经济的新模式下,每个人都是生产的参与者与消费的拉动者,一方面有助于激活我国各类社会群体的活力,有效防止贫富差距进一步拉大;另一方面有助于优化社会资源的合理配置,缓和社会矛盾,较好地满足人民对美好生活的需求。共享经济在降低风险获取收益的同时,为行业创新提供新平台和新机遇,二手车房交易及租赁平台、个人服务定制平台、资金众筹平台等很多交易方式都得到了发展。风险共担和利益共享让创新变得更加简单和深入,既为企业提供了未来的发展方向,也为社会人才创新提供了动力。共享经济模式已经成为加速社会经济增长的重要引擎。

第三,发展新型农业发展模式,促进农业现代化。在我国经济进入新常态、改革进入深水区的背景下,农业现代化补齐"短板",转变农业发展方式,是推动农业改革的有效途径。当前定制化农业、体验化农业、休闲农业、观光农业、农业O2O等农业发展新模式中都带有共享经济的基因,是共享经济在农业领域的实现与应用,即用互联网思维优化或重新定义农业这个最古老的行业。共享经济下的农业,借助"互联网+"农业电商平台,利用大数据、云计算、物联网等技术整合农业资源,包括农器具、农村闲置人口、农村闲置土地等各类资源,实现农业产业链去中间化,提高资源利用效率,提升生产流通效率。改变传统思想,让资源共享,达到共赢目的,"互联网+"农业将会成为新趋势,共享经济模式也将融入农村生活,改变农村生产力的落后状况,促进其发展,推动农业现代化进程,建立和完善农产品质量保障体系,切实帮助农民提高生活水平。共享经济下的农业电商发展的重要因素有国家政策、网络环境、服务水平(物流+金融)、价值分配等,这些因素共同作用于新型农业发展模式,促进农业产业结构优化。

当然,共享经济的发展还需要政府、企业的助力,建立政府、行业协会、企业、专家和公众共商共议的共享经济研讨机制,引导共享经济发展。分析共享经济代表企业的商业模式,梳理共享经济的潜在细分领域,深入调研供给、需求两侧的痛点、难点和缺口,及时发布报告,征集解决方案,整合社会各方智慧,共创共享。构建共享经济"市场先行、政府预控"机制,应对"市场失灵"。加强前瞻研究,强化科学治理,着眼于未来物联网(万物互联)应用提前部署,避免"后知后觉",付出更多不必要的治理成本、服务成本和监管成本,影响共享经济业态的稳健增长。

第一,政府要发挥好对于经济的服务、监管和治理的三位一体职能,致力于提供服务、创新监管、完善治理,建设高度开放性、动态性、协同性、创新性的共享经济生态系统,促进技术创新、资本投资、商业运营与供需对接和谐发展,打造好经济新引擎。2017年5月22日,交通运输部发布了《关于鼓励和规范互联网租赁自行车发展的指导意见(征求意见稿)》,要求各城市要合理布局自行车交通网络和停车设施,推进自行车道建设、规范停车点位设置,在城市重点场所施划配套的自行车停车点位。各大共享单车企业积极响应政府政策,最初车辆不具备定位功能,未来可利用定位和大数据技术,智能划定规范停放区域,以实现车辆精细化管理。此外,《中华人民共和国节约能源法》中规定,鼓励使用非机动交通工具出行;《中华人民共和国大气污染防治法》中也规定,城市人民政府应优化道路设置,保障非机动车道的连续、畅通。这些法律法规都为共享单车市场健康发展奠定了制度保障。

第二,完善相关法律法规建设,确保有法可依。政府在大力支持和鼓励共享经济发展的同时,也看到了其在发展过程中出现的一系列问题。因此,共享经济发展需要国家和政府的适当引导和规范。政府应该充分听取各方代表的意见和建议,派出相关工作人员进行实地考察,根据不同省份和地区的实际情况,制定切实可行的法律法规,从而促进共享经济健康发展。共享经济模式是技术变革所催生出来的新生事物,人们对其认识还处于模糊不清的阶段,其所涉及的利益关系、各种权利的界定以及发展中面临的问题都才拉开序幕,法律的空白是不争的事实。对于共享经济模式中可能涉及的法律问题,人们更多地寻求现有法律的解释。例如,对网约车这种共享经济模式所隐含的法律风险,许多专家只能依据现有的道路交通安全法作出具有明显偏向性的法律解释。相关法律的滞后性制约共享经济的快速发展。遵循顶层设计原则,相关部门应尽快出台针对共享经济健康发展的法律法规,明确界定共享经济业态的运营边界和法律范围,建立严格但人性化的共享经济平台审批机制,为守法合法合规的共享经济新业态"正名",以使其能够顺利发展,广泛吸收大众参与共享平台。对于什么类型的共享平台是非法的也应有相关法律配套,使执法机构取缔时有法可依,行政审批机构审批时有法可依。相关部门在立法的时候应充分进行调研,了解各行各业的意见和建议,进行梳理,为立法提供现实的基础。通过制定相关法律法规,重新界定共享经济活动中使用权与所有权的边界,更好地明晰双方权利和责任;明确政府监管职责,从而推动共享经济进一步发展。同时,政府相关部门可以通过制定相关政策激励共享经济在其他领域发展,并适当地对其进行税收减免,鼓励创新型经济模式的不断涌现。

第三,加强对共享经济公司的准入管理,增强共享经济发展规模。引导各细分领域内共享经济公司间有序竞争,增强共享经济发展规模与城市人口规模、公共设施承载能力间的匹配度,降低共享经济为城市带来的负外部性。加强对共享经济公司日常管理,强化共享平台公司的主体责任意识,督促其对平台推介的产品和服务切实承担审核责任,改变共享经济公司"利益主体集中化、责任主体分散化"所引致的监管难题。引导培育行业自律机制,积极推动通过市场化手段规范共享经济行业发展的有效途径。

第四,加大对共享经济创新的支持力度,营造和谐、宽松的共享经济发展环境。首先,建立政府间、共享经济行业间的沟通联系机制。政府部门对于参与共享经济的平台组织除了给予政策支持之外,还应该给予资金、税收等方面的支持。例如,设立共享经济发展基金,对新创共享创新平台除了给予减税免税之外,还可给予资金支持、引入风投等扶持发展;对于私家车、公共出租车加入共享经济平台的,给予税收减免的支持,并建立共享汽车绿色专用通道,提升共享服务的质量;等等。其次,在全社会营造资源节约和优化利用的氛围,培育大众的共享分化意识。通过各种媒体加强对共享的宣传,不仅在政策上要让人们看到共享的好处,而且要在共享的具体实践上让人们看到共享的益处。再次,各级政府应结合共享经济的特点对政府采购业务进行重新分配,可将共享服务、共享技术等纳入政府采购范围。

第五,强化惩戒机制,建立共享信用平台。共享经济的发展不仅促进了经济发展方式的转变,也是社会文明发展进步的一个显著标志。随着互联网的发展,网络上充斥各种信用缺失现象,个人隐私的泄漏、非法集资、损害消费者权益等行为时有发生,因此相关管理部门应强化管理,对有违信用的行为加大惩戒力度,把保险制度引入共享经济发展之中。例如,共享平台方收每一笔押金都要向保险公司缴纳保险费,确保其即使倒闭供给方和需求方的押金也能够收回,从根本上维护供给方和需求方的权益。政府应加快引入第三方信用评估方建设步伐,督促企业和个人通过第三方信用评价等服务对其信用进行评价且与政府的信用指标数据相结合,并在共享经济平台共享,以此降低信用风险。随着共享经济的发展,信用问题是确保共享经济健康发展的关键因素之一,政府部门应大力培育第三方信用评估机构,通过各种合法渠道搜集信用情况,以此形成各方合力的共享经济信用平台,确保降低交易的风险。

2018年3月,国家发展改革委发布《关于充分发挥信用服务机构作用加快推进社会信用体系建设的通知》(以下简称《通知》)。《通知》指出,信用服务机构是提供服务的专业化机构,要多措并举发挥各类信用服务机构的积极作用,包括:积极引入信用服务机构参与重点领域信用记录采集,根据需要授权信用服务机构参与红黑名单的认定,加强与信用服务机构信用信息的共享,支持信用服务机构在行业特定领域协助参与备案工作,鼓励信用服务机构协同开展联合奖惩与失信专项治理工作,支持信用服务机构定期编制行业信用监测分析报告,鼓励依托信用服务机构探索信用大数据分析应用,等等。此外,《通知》还强调,要加强信用服务机构自身信用建设。

除了政府主导建设社会信用体系、第三方信用服务机构提供服务外,企业平台也有自建的用户信用评价和保障体系。主要包括:通过身份证校验、绑定实名制手机号和银行卡等方式保证交易双方的实名和信息透明,通过开通交易双方相互评论、打分等功能提升交易过程的用户体验,等等。许多平台还在不断加强线下的审核把关和服务培训。如滴滴出行平台已正式上线了服务信用体系。服务信用的具体数值由服务分来展现,涵盖接单、接驾、送客、行程后评价等四大维度。每位车主都将拥有个人专属的服务信用档案和服务分值,提供优质服务的车主可获得更高的服务分。目前,服务分已与滴滴的智能派单系统结合,在距离、车型等条件类似的情况下,系统将优先派单给服务分较高的司机。

第六,加强共享平台信息安全管理。共享平台拥有规模庞大的数据库,这些数据库包含一个地区乃至全国的消费者偏好信息、商品价格信息、居民生活习惯信息等众多重要数据，对于国家宏观经济调控，打击商业犯罪，制定公共政策，乃至国家安全都有着非常重要的作用，因此监管层应加强信息安全管理。首先，多部门联合共同提高网络安全和机密数据的监管问题，通过建设国家层面网络安全应急机制，建立长期预防监控系统。其次，防微杜渐，在教育体系内加入网络信息安全意识的学习，培养人们文明上网、安全上网、遵纪守法上网的习惯，通过加强公民网络安全方面的宣传教育，提高我国全体网民的网络安全意识，并从道德规范和法律约束两方面控制网民的违法违规行为。再次，大力发展和支持我国自主知识产权的计算机和网络方面的软件、硬件核心技术，在国际通用标准基础上，建立和发展一套我国统一的信息安全标准以及评估体系，以便对相关产品技术的研发、生产、销售和使用进行规范。同时，可与高校和科研机构合作，加大对于加密解密技术、病毒反病毒技术以及相关产品技术的研发力度。最后，进一步完善我国有关网络信息安全领域的法律法规，并建立网络社会组织管理行业协会。抓紧制定和完善互联网规范，进一步加强互联网的行业自律。

第七，加大对共享经济发展平台的技术和资本投入力度。无论是政府还是互联网公司、信息技术公司，都需要持续加大对共享经济发展平台的技术和资本投入力度。在保障共享经济平台安全可靠的前提下，不断提升空置资源、信息和服务匹配效率。此外，通过大数据、云计算等技术解决个人信息安全审核、信用征管以及交易监管等核心问题，显得极为重要和迫切。人与人之间的信任不仅是一个道德伦理问题，而且涉及整个社会信用体系的建立和完善，而科学技术的发展在促进社会信用体系建设方面具有重要作用。例如，如果没有支付宝，那么陌生人之间进行市场交易的经济行为根本不可能发生。因此，应该不断加大对共享经济发展平台的资金、技术投入，注重对相关领域技术人才的发掘和培养，制定相关领域技术规范，全方位地加强个人隐私保护，解决共享经济主要参与者的后顾之忧，从而使消费者获得便捷的消费体验和社交体验。

美国布鲁金斯学会预计全球分享经济最主要的五种业态（汽车、住宿、融资、用工、新媒体）将在2025年增加至3350亿美元。普华永道预计10年内P2P借贷、网络配置、点对点住宿、汽车分享、音乐和视频流等5个分享部门产生的收益超过全球分享经济总收入的50%。互联网时代出现的共享经济蕴含着一场新的变革，利用社会闲置资源进行高效的供需匹配，不仅提升了资源配置效率，而且拓展了分工合作的组织形式；共享经济的本质是人与人关系的跃升，传统生产关系中对个人的束缚正在逐渐消失，人与人的关系向"自由人联合体"靠近，个人的地位得到提升，人与人之间的关系跃升形成了新的组织方式。未来更多的共享资源的注入将推动共享经济加速发展，这也将会成为我国新一轮经济发展的新动力。

ofo摩拜未合并，哈啰反骑到头上了

共享单车的发展如同坐过山车一般，在2018年，其局势发生了"大逆转"。曾经辉煌的摩拜和ofo，如今一个转身投向美团，一个处于进退两难的境地。而在这种局势下，作为后来者的哈啰，却在2018年12月28日拿到了新的一轮融资。在激烈的市场竞争中,哈啰是如何突围,又是如何存活下来的呢?

哈啰的两大贵人:永安行、蚂蚁金服

就在摩拜和ofo在一线城市打得火热之时,哈罗单车默默选择了布局二三线城市,避开了与强势对手的正面竞争,而后逆势崛起。

当时,共享单车出现了从"百团大战"到"两强争霸"的局面,ofo和摩拜得到了大量的融资,而留给哈罗单车的资本并不多,这在一定程度上导致哈罗单车长期陷入资金紧张之中。就在2017年10月,永安行解救了困境中的哈罗单车。

根据公开资料,永安行拥有8年的运营经历,主营业务是公共自行车系统的研发、销售、建设和运营。其自行车租赁以有桩租赁为主,主要客户是政府机构、三线及以下市县的用户。截至2018年6月30日,永安行已成功在全国约260个城市和地区开展了公共自行车项目。

在用户受众面上,哈罗单车和永安行的想法不谋而合。而在永安行接手哈罗单车不久后,蚂蚁金服也给哈罗单车安上了起飞的翅膀。

2017年12月,蚂蚁金服就参与了哈罗单车3.5亿美元的D1轮投资;2018年4月,蚂蚁金服再次参与了哈罗单车近7亿美元的E1轮投资;2018年6月,蚂蚁金服又以20亿元增资哈罗单车,同年7月对哈罗单车战略投资了10亿美元;2018年12月,蚂蚁金服又领投了对哈啰出行(2018年9月,哈罗单车更名为哈啰出行)的约40亿元的投资。

这就是说,哈啰出行存活至今,很大程度上依赖于蚂蚁金服的大笔资金投入。而且在2018年3月,哈罗单车与蚂蚁金服联合推出了免押金政策,只要用户的芝麻信用在650分以上,便可免押金骑行,这使哈罗单车的用户量得到了爆发式增长。据哈罗单车官方的数据,在推行免押金政策后的2个月内,其用户增长了7成。

另外,支付宝为用户提供了一个哈罗单车的入口,方便支付宝用户直接使用哈罗单车。可见,不管是支付宝的入口,还是免押金的政策,都为哈罗单车带来了一定的用户量。

天眼查显示,注册于2016年的上海钧丰网络科技有限公司是江苏永安行低碳科技有限公司(哈罗单车母公司)的全资子公司。早在2018年4月上海钧丰网络科技有限公司就已开始申请"哈啰"系列商标,包括哈啰出行、哈啰助力车、哈啰汽车、哈啰共享单车等,商标类别则包含"旅游、物流服务""保险、金融、不动产"。

到了2018年9月,哈罗单车正式更名为哈啰出行,进而开始其哈啰汽车出行的业务。有了永安行和蚂蚁金服这两棵大树作为哈啰坚强的后盾,说其起死回生也不为过,反而更能展现出哈啰的野心。

简言之,哈啰出行早已被单车巨头永安行收购了,这是个不争的事实。同样的,曾在共享单车战场上被看好的选手——摩拜也走向了被收购道路,但自从摩拜创始人胡玮炜辞职后,它便以"彻底美团化"的结局收尾。

摩拜卖身背后的无奈与调整

从摩拜被爆出的财务报表来看,即使它得到的融资额不少,它的发展现状也并不乐观。就在2018年4月4日,摩拜最终还是把自己给卖了。

一方面,摩拜陷入了高成本、重资产的困局。根据蓝鲸TMT公布的摩拜财务报表显示,综合2017年12月单月的折旧成本和每辆车3年的使用成本来看,每辆车的成本在1000元左右。而且该报表中每个月减值损失就有0.8亿元,平均每个月都有8万辆车无法再正常投入使用。

除了造车成本外,摩拜还难以降低车辆损毁率、车辆维修、人员调度成本等运营成本。根据财务报表,2017年12月摩拜的运营和管理成本开支就达到了4.29亿元,而摩拜的营收只有1.1亿元。其实,这样的情况是长期存在的现象,显然,摩拜很难做到正向盈利,因此这是在不断拉长摩拜回本的周期。

另一方面,摩拜实现自我造血的能力差。事实上,摩拜一直以来过度依赖融资,尚未找到平衡收益点。而用户的骑行次数不稳定,存在波动,这在一定程度上也影响了摩拜的现金流。据了解,2017年12月,摩拜的每辆单车的日均骑行次数从接近3次下降到1次,摩拜单车日均骑行次数约为1000万次,每个月骑行约3亿次。

按照1.1亿元的营收算,即使摩拜的每辆单车的日均骑行次数达到3次,也不能让摩拜的收支达到平衡。换言之,摩拜的盈利模式尚未清晰。经历过消耗巨大的烧钱大战,摩拜剩下了巨额的亏损,其卖身美团也是无奈之举。

然而,即使摩拜找到了"好爸爸",也不意味着它能够一帆风顺地活下来。据美团的招股书显示,摩拜单车自2018年4月被美团收购后一直亏损,2018年4月4日至2018年4月30日的毛损为4.07亿元,相当于每天亏损约1500万元。而且摩拜纳入美团合并报表后便成为美团亏损的主要因素之一。

也就是说,摩拜背靠美团后,其亏损情况改善并不大,反而还拖累了美团的业绩。即便这个结果是可预测的,但美团为什么会替摩拜担这些债务呢?

一方面是为了与滴滴抗衡,毕竟美团也上线了滴滴的主营业务——网约车,而滴滴又入股了ofo,自然美团也想要借此机会打入共享单车市场。另一方面也是为了抗衡阿里,要知道,美团背后有腾讯撑腰,而腾讯和阿里的较劲早已搬上了台面,加上在ofo、哈啰、摩拜这三家企业里,已有两家得到了阿里的支持,腾讯不想放过剩下的摩拜,这也是可以理解的。

这才使得美团花重金买下摩拜,而面对流血不止的摩拜,美团不可能坐视不管,从近期各大媒体报道摩拜裁员、业务调整的事件便可知晓。

就在2018年12月23日,摩拜裁员的消息传遍全网。有摩拜员工在社交媒体爆料称,摩拜会对与美团有业务重叠的部门进行人员优化,比如市场、财务、技术等,整体裁员比例在20%~30%。

但是摩拜方表示,为了更好地聚焦核心能力,提升业务的推进效率,这些属于正常的业务调整。而近期这些企业裁员，大多数都是以人员优化调整为借口。可见，即便投入美团怀抱的摩拜，也被寒风席卷。

如今，随着摩拜的原班人马相继离去，摩拜的话语权逐渐转移到美团方，可谓是摩拜沦为了美团产业发展布局的一颗棋子。而哈啰出行不仅存在盈利难题，也在依靠融资存活，这一情况与摩拜相比多多少少存在着相似之处。或许在不久的将来，哈啰也会和摩拜一样，话语权发生转移，成为巨头的棋子。

杀入网约车、骑上头，哈啰也要提防丧失话语权

整个共享单车领域的企业都有不同程度的盈利难题，而在短时间内，共享单车要想真正实现盈利并不是件易事。那么哈啰跳出共享单车的困局，杀入网约车江湖，也是情理之中。

然而，网约车市场其实完全不同于共享单车市场，在整个网约车市场上，市场格局已经较为稳定。都知道，哈啰破局共享单车市场，还是烧了不少钱的。如果它仍通过烧钱的方式打入网约车市场，不说需要预存多厚的家底，这期间遇到的阻力也是可想而知的。

现阶段，我国网约车市场竞争激烈。据了解，网约车市场上早已出现了一批具有竞争力的企业，比如滴滴、神州、首汽等，可以说，大多数的玩家都利用差异化定位占据了一定的市场空间。而对于此时才入局网约车市场的哈啰来说，要面对的困难一点都不比其在共享单车市场上面对的少。

就目前各大网约车平台采取的竞争策略来看，无非是降低佣金、提高补贴。而哈啰要想分一杯羹，所要投入的成本将会更高，毕竟这算是跨行业的突破，这样的话，如果哈啰不提升自己的盈利能力，其亏损有可能会进一步加大。拿滴滴出行来说，就算它在网约车市场打拼多年，也攻不下盈利难关。据了解，2018年上半年滴滴有高达40.4亿元的净亏损，其中为乘客司机补贴和司机奖励占了绝大部分。

倘若哈啰要避免用补贴来吸引用户，如何找寻有效的抢占市场的方法便成了哈啰难以攻破的关。而在这找寻的过程中，哈啰投入的成本不一定会少。

众所周知，网约车市场的监管机制还不够成熟，司机性骚扰乘客、空姐遇害等负面新闻此前曾占据着各大媒体的头条。可见，网约车的市场环境与共享单车相比必然有不同之处，而如果哈啰的运营思维不随之而变的话，难免会有这样那样的安全事件发生，甚至有可能存在的安全漏洞会更大。然而，哈啰要想符合市场规范的要求，多多少少都要调整原本的运营模式和业务模式，这需要不少成本。

不管怎么样，哈啰必然要输出一大笔资金来布局其业务。值得注意的一点是，阿里支持的两家共享单车里，哈啰的现状与ofo相比，较为理想，自然阿里的重心会更倾向于哈啰，而哈啰也就能获得融资来发展其业务。

但需要知道的是，摩拜在很大程度上是因盈利难题而失去话语权的。对于本就背靠巨头的哈啰而言，如果不借网约车业务来提高自身的营收，未来将有可能难以收缩其亏损幅度。这样的话，哈啰的命运会不会也同摩拜一样呢？

总而言之,哈啰虽骑出了共享单车的困局,进入网约车江湖,但其发展也并不是十拿九稳的,它所要接受的挑战还有很多。如果不解决好盈利的难题,哈啰有可能就只是支付宝布局线下支付场景中的一个工具,甚至有可能会成为下一个丧失话语权的摩拜。

（资料来源:刘旷.ofo摩拜未合并,哈啰反骑到头上了.(2019-01-15)[2019-05-26].http://www.lanjingtmt.com/news/detail/40135.shtml.）

1.共享经济出现的条件是什么?

2.共享经济如何形成新动能?

3.你如何抓住共享经济?

参考文献

[1] 张双,陈静,陈果静,等.分享经济是个啥? 这一系列报道给说明白了.(2017-07-13)[2019-05-26].http://www.chinanews.com/cj/2017/07-13/8277052.shtml.

[2] 国家信息中心分享经济研究中心.中国共享经济发展年度报告(2019).(2019-03-01)[2019-05-26].http://www.sic.gov.cn/archiver/SIC/UpFile/Files/Default/20190301115908284438.pdf.

[3] 刘根荣.共享经济:传统经济模式的颠覆者.经济学家,2017(5):99-106.

[4] 蔡朝林.共享经济的兴起与政府监管创新.南方经济,2017(3):99-105.

[5] 冯其予.共享经济:有"规矩"才能有未来.(2017-10-30)[2019-05-26].http://www.xinhuanet.com//tech/2017-10/30/c_1121873891.htm.

[6] 俞海萍.共享经济,为美好生活注入新动力.光明日报,2019-02-16(7)[2019-05-26].http://epaper.gmw.cn/gmrb/html/2019-02/16/nw.D110000gmrb_20190216_1-07.htm.

[7] 陈健,龚晓莺.共享经济发展的困境与突破.江西社会科学,2017(3):47-54.

[8] 刘旷.ofo摩拜未合并,哈啰反骑到头上了.(2019-01-15)[2019-05-26].http://www.lanjingtmt.com/news/detail/40135.shtml.

第七讲 正确看待网络红人和网红经济

一、网络红人的兴起
二、网红经济是泡沫还是朝阳
三、正确看待网络红人和网红经济

近10年来,在网络这个入门成本低廉、推崇飞扬个性的新"名利场",有志成名的人绕过电视、报纸等传统名人产业的把关者,直接向公众推销自我,赢得关注。层层筛选的金字塔形名人生产机制也开始被自下而上、自己动手的扁平化名人生产过程替代。网络名人文化的主导逻辑之一就是让不太可能出名的人成为最出名的人。尽管早期网红缺乏出众的才貌和背景,但他们都以各自不同的方式激发了网民的广泛关注,颠覆了公众对名人概念的认知。

一、网络红人的兴起

"网红"是"网络红人"一词的简称,最早指的是一些因独特的外貌或言行在网络上走红的普通民众,现泛指一切主要通过网络特别是社交媒体来获取和维系名声的人。网红的出现是当代"名人阶层""平民转向"的必然结果。在大众传媒兴起之前,一个人出名的方式通常是缓慢而"自然"的,能够在历史长河中留下印记的往往都是英雄豪杰或风流才俊。在大众传媒出现之后,人们开始利用媒体人为地快速制造名声,围绕名人的生产已然形成了一个庞大的文化产业链。名人产业中占据支配地位的并不仅仅是明星偶像,还有星探、经纪公司、导演、媒体等把关人,只有获得这些把关人的提携和认可,小人物们才有可能踏上"星光大道"。

Web 1.0技术的运用直接催生了BBS、网络文学社区等早期的互联网平台。最先接触互联网的用户大都是高文化、高素质人群,他们经常在论坛以及网络文学社区发表一些独到的观点和具有阅读价值的文章。他们最早不叫网红,叫网络达人,"球迷老榕"是中国ID时代最早的网红,1997年他在四通利方上发表的一篇文章于48小时内收获了数万点击量。

博客的产生使得信息的传播有了新的形式,同样带动了一批网红的产生。这一阶段的网红"以丑为美",通过发表另类观点、上传低俗图片、恶搞等手段,迅速获得用户的关注,代表人物主要有芙蓉姐姐、凤姐等。

"短文字+图片"的组合形式催生了新的网红群体——段子手。微博和微信的流行为电商模特提供了平台。在博客时代积累了一定影响力的知名ID借助微博、微信平台走红,产生了一批网络红人,比如papi酱、咪蒙等。与前几个阶段相比,这一时期的网红呈现多样化的特点;与前一个时期相比,网红进入"审美"阶段。

移动互联网的出现使得网络直播行业快速发展。网络直播平台产生了大量的网红女主播,这些女主播一般具有姣好的面容与苗条的身材,由于她们的面貌过于相似,也被网络用户戏称为"网红脸"。网络直播的平台与内容五花八门,常见的有斗鱼TV、映客直播等。短视频的流行同样也产生了一批网络红人。短视频的生产者与传播者通过几秒到十几分钟的视频内容,展现自己的生活、思想、技能本领等,引起用户的广泛关注,papi酱是最主要的代表人物。

无论是选秀出身的平民偶像,还是当下五花八门的网络红人,其流行的根本原因都在于契合了公众不断变化的情感需求。公众已经厌倦了名人产业生产出来的高不可攀、遥不可及、完美无缺的人造明星,他们更青睐真实自然的普通人,更愿意追随可以面对面接触的邻家女孩和男孩。这些网红可以说在引领网络潮流的发展,作为芸芸众生中的一员,他们有以下两大优势。

优势一:强大的"吸粉"与商业变现能力

曾有学者称明星是"无权的精英",他们虽然没有体制性的权力,但所作所为和生活方式却能引起巨大的关注,因为他们代表着共同体全体成员的体验和期待,是能够对整个共同体的新旧价值作出阐释的卡里斯玛型领导者(即具有非凡魅力和能力的领袖)。尽管在当下碎片化的社会状态下,绝大多数网红都不具备这种辐射整个共同体的社会文化影响力,而只在一个相对较小的粉丝社群中享有盛誉,但这些网红却具有强大的"吸粉""固粉"能力,并能直接依靠粉丝的数量和购买力实现商业变现。据报道,顶级游戏主播的年收入已高达上千万元,不亚于当红娱乐明星。

尽管网红经济和传统的明星经济一样,都是在利用明星的个人号召力为产品和品牌赢得更高的知名度和认同感,但二者吸引和动员粉丝消费者的方式却有着显著不同。如果说好莱坞女星是作为超级偶像、时尚标杆而令女性影迷膜拜、效仿,那么当下的时尚博主、美妆达人和电商网红等则是作为粉丝用户的好"闺蜜",在社交媒体上分享自己的专业知识和亲身体会,为粉丝们的妆容打扮出谋划策。这种以分享、互动、信任和社群为基础的网红经济模式显然比远程的、间接发挥影响的明星经济模式具有更大的经济潜力。

除了互联网思维所带来的商业模式的变化,当下网红经济的崛起还有一个重要的时代契机,即广告和营销行业从大众传媒向社交媒体的转移。企业和广告商对社交媒体的空前重视,为网红从事广告代言、品牌营销和产品销售提供了宽阔的舞台,使他们有机会将粉丝数量和个人影响力转化为经济收入。网红营销具有廉价、迅捷、高效的优点。如坐拥千万微博粉丝的歌手薛之谦曾在微博上编写、发布了多条广告文案,这些融合了自黑、搞怪、吐槽和沪式普通话等多种风格元素的广告文案,阅读量大多在几千万。在这些微博中,广告不再是生硬的产品推销,而是妙趣横生、令人捧腹的故事;广告发布也不再是让人反感的单向灌输,而是一种令人愉悦的、不乏后现代自反精神的互动游戏。发布者和接受者之间达成了一种默契,彼此都以戏谑、反讽的姿态来对待微博营销,反而让这种营销方式释放出了意想不到的能量。

优势二:时下明星的"网红化"与网红的"明星化"

值得注意的是,网红与传统明星之间的界限也逐渐模糊。近年来,名人产业培育的明星纷纷向网红靠拢,积极利用网络工具与粉丝互动,部分明星甚至加入网络直播平台,客串视频主播。与明星的"网红化"相对应的则是网红的"明星化"。不同于第一代网红清晰的"反名人"特质,一些大众型网红正在成为四线明星的后备军。他们与经纪公司签约,接受才艺培训和形象包装,通过网络积攒人气,最终目的还是打入娱乐圈。不管是传统明星还是网红,他们的经济价值最终都源于粉丝的忠诚度和购买力。在竞争日趋激烈的名人市场上,粉丝社群的经营将发挥日益重要的作用。网红经济归根结底还是一种粉丝经济。

网红的存在表明,普通人不仅拥有利用网络发声的机会,还有影响他人、改变他人的可能。从这个意义上说,"社交媒体影响者"或许是对网红的一个更准确的概括。对于"社交媒体影响者"的理解,是一体两面的。他们的出现,体现了社会的多元化和丰富性。但他们为了"刷存在感",有时会有过分媚俗、庸俗的表达,可能会对公序良俗造成破坏。而由于他们影响力大,"吸粉"能力强,破坏性也会更明显。对于这些,网红和公众都应该保持清醒。下面就说说网红存在的一些问题。

问题一:持续能力较差,生命周期较短

网红影响力的发展与受众的需求密切相关,而受众对于网红的需求主要分为消遣娱乐需求以及垂直内容需求。对于消遣娱乐需求,公众的兴趣取向在巨量选择前很容易发生转移,而且消遣娱乐在很大程度上追逐的是新鲜感,因此对某一网红的兴趣度会急速降低,网红被后来者取代。而垂直内容需求的受众对于优秀内容的渴求是持续的,但如何不间断输出优质内容几乎是所有内容型网红或网红团队所面临的重要课题。延长网红的生命周期,就要对网红影响力进行专业化的维护,目前一些已经IP化的网红就已成功地度过了一般网红影响力急剧下降的阶段,影响力得到了延续。但绝大多数网红并没有足够专业和庞大的团队进行运作,因而也很难实现IP化。

问题二:部分网红对社会传统伦理和核心价值观形成侵蚀与冲击

网红影响力的聚集和维持都依赖于自身的独特性,但当网红真正成为一个受众群的核心之后,其塑造的形象就有了光晕效应,自身其他的特点也容易感染与影响受众。部分来自草根的网红会有一些为了标新立异而产生的反传统伦理和核心价值的行为或观念,这在粉丝中会形成更大的影响,尤其是年轻的受众世界观尚未完全形成,部分网红充斥着个人主义与异端价值取向的行为会对他们造成恶劣的影响。言行粗鄙甚至以丑为美的网红虽然不可能获得持续的影响力和变现能力,但对网络经济的健康发展会产生严重的负面作用。

渠道下沉与媒介的个体化导致了不少网红一夜爆红,影响力的聚集非常迅速,存在很大的偶然性。其中有些网红完全不注重自身的学习和提升,急于变现。这种急功近利的浮躁心态在一些年轻人中蔓延。尤其是直播平台上兴起的网红,成名方式看似并不困难,而且吸引别人关注自己的方式也很容易复制,有的甚至以出位言论和行为得到关注,这导致一大批年轻人在虚荣甚至利益的驱动下竞相模仿。网红急功近利的重要原因在于其背后的变现模式,短期诱导大量粉丝进行消费的短线利润占了网红经济的主流,这就使得高速更新换代的网红不择手段博取眼球,不重视生命周期的延长。部分以广告或者电商为主要变现模式的网红是要结合线下营销完成最终盈利的,而这种营销的本质通常就是网红以自身的影响力和信誉将产品推荐给受众。但目前的网红广告中充斥着大量虚假信息甚至伪劣商品,这都是因为部分网红为了追求短期利益对产品不加甄别,甚至故意帮助商家隐瞒欺骗,导致部分受众的利益受损。《中国青年报》曾做过一次调查,认为网红就是为了出名博上位的受访者占到了 79.9%,在 40.5% 的受访者眼中网红就是搞粉丝营销卖劣质商品的淘宝卖家,还有高达43.8% 的受访者认为网红是通过整容撒谎来包装自己的骗子。由此可见网红因为诚信问题已经透支了自己的信誉,这本质上也是一种竭泽而渔的行为。部分网红对于影响力持续时间不长有清醒的认识,这就进一步推动了网红在影响力巅峰时期不顾一切地套现,在各种商业行为中罔顾自身信誉、长期利益甚至道德法律,不顾一切地实现利润最大化。而我国目前的法律对于商业欺诈以及造假行为暂时还没有明确追究宣传人员的责任,这也进一步导致部分网红没有商业诚信和社会责任感。

问题三:对网红监管的缺位

无论是顶级网红涉嫌欺诈和爆粗口事件,还是直播网红的低俗违规行为,从政府到行业对此都缺乏有效的监管。目前对于网红的约束以及监管,使用的还是民法的法律框架,更多是靠公序良俗的道德约束。但以网红经济为代表的网络经济具有独特性,而且发展演变迅速,影响广泛,因此针对以网红经济为代表的网络经济还需要形成一个统一规范的法律体系。唯有如此,那些打法律擦边球,侵害版权、隐私、名誉,做虚假广告的违法行为,才不会利用监管盲区和法不责众的心理继续横行,在处理这些问题时就会有更明确的法律来支撑。对网红进行征税也一直备受争议且推进艰难,很多网红一夜暴富并获得高额收入,却无法对他们进行征税,这也是网红经济法律缺位的一个重要体现。传统意义上网红经济征税主体缺失,客体又无法精确认定,价值税率和税目没有统一规定,公共营业收入与私人交易的界定不明确,因此网红经济的税收征管处于尚未起步的阶段,这对网红经济的规范化发展是不利的。

二、网红经济是泡沫还是朝阳

由网络红人带动形成了一种新的规模经济效应,人们把这一新媒体经济形态称为"网红经济"。那么,网红经济到底是什么? 它是如何形成的? 它的内部运行机制又是什么? 对传媒业的发展有何启示?

(一)网红经济的催生及分类

网红的产生和发展直接催生了网红经济。网红经济是以网络红人为形象代表,以红人的品位和眼光为主导,进行选款和视觉推广,在社交媒体上聚集人气,依托庞大的粉丝群体进行定向营销,从而将粉丝转化为购买力的一个过程。经过多年的发展,网络红人在各种互联网平台上积聚了惊人的能量,网红已成为眼球经济、粉丝经济、社群经济的一个入口。网红经济经历了一个由注重人到注重物的发展过程。

早期的网红经济以人为主,即网络红人开的网上店铺。这种店铺常规退货率为20%~30%,在促销时退货率甚至在50%以上,而一般的女装电商退货率在10%~15%。原因是网红专注于"网红"身份的运营,而忽视背后产品的品质与价值。如果长期如此,在这个用户体验至上的互联网商业环境中,他们将一败涂地。

2017年,一款名为"脏脏包"的食品一夜爆红。某店铺创造了上线当日卖出9.2万个"脏脏包"的纪录。网红经济的"网红",从人变成了物。这种变化的本质,是由主打培养导流的人变成主打产品。产品才是零售最重要的组成部分,零售的本质也是卖产品,传统网红经济一味重视导流手段的经营方式,本身就走偏了。

2018年的网红经济,更多的是转变思维,从注重导流的人到注重引流的产品,网红不只局限于"网络红人"概念,包装、传播、变现是构成网红经济的三个重要环节,也是网红经济的制胜之道。

1.基于社交的品牌传播

网红传播是网红经济的必经阶段。网红传播主要包括两个过程:品牌打造、社群构建。传播者在可持续生产个性化内容的同时,注意品牌的塑造,通过角色包装、话题打造、全平台推广等方式,形成自己的品牌,产生品牌效应。网络红人将媒介视为渠道,传播渠道会因品牌的影响力而得以拓展,最终实现全方位推广。传播者通过粉丝沉淀、品牌传播、资源链接等方式进行社群构建,为下一步商业变现打下基础。

商业变现分为三个过程:打造品牌、拓展商业模式、实现创投。传播者可以在社群平台上通过品牌宣传、电商导流、内容消费等方式,将粉丝数量转化为商业价值。内容的传播者注重产品的开发,使用户不断保持饥饿感与好奇心,并不断满足用户对于产品的需求。另外,不断拓展平台,构建商业闭环,对前几个阶段进行大数据评估,以现有产业为基础,孵化其他业务与产业,实现全方位发展。

2.基于内容的网红经济

网红包装是网红经济形成的基础。网红包装指的是针对不同的受众群体及偏好,为其量身定制的网络红人。网红包装包括两个方面:网络红人的角色定位,日常内容策划与生产。基于互联网大数据采集的信息,传播内容的生产者根据一定的数据标准对网红进行角色定位,包括受众的喜好、选题的热度、粉丝的转化率等,对其将要生产的内容进行市场分析、运营策划以及影响力评估。

内容生产是网红包装的重要前提。在角色定位的基础上,传播者对传播内容进行个性化定位,即内容的差异化,能够体现出其独特个性的方面。个性化定位要求传播者构建竞争壁垒,这就要求内容的生产者做到"人无我有,人有我优",不断将个性化的内容做强,并保障优质内容生产的可持续性。

(二)网红经济的形成机制

1.核心:网络红人

从传播学的角度说,身体传播大致可以分为三种——有机的身体、再现的身体和生成的身体,经过包装的网络红人属于再现身体的传播。再现的身体是指传播者通过一定的技术手段,将有机的身体以图像的方式呈现出来。就网络中产生的再现身体而言,传播者将有机的身体以数字编码的形式,通过互联网界面,传播给受众,为受众创造了一个梦境般的现实生活场景,满足受众的本能需求。

传播者经过数据分析,依据一定的标准,比如相貌、衣品、性格、爱好等,将受众喜好的网络红人打包分类,为不同的群体定制不同的网络红人产品,为受众的无意识宣泄打开了闸门。受众透过网络界面窥视在现实生活中很难遇到的图景,这种利用大数据分析创造出的网络红人是传播者制造的一个梦境,手机这一私人化的工具更给受众带来"一对一"交流的幻象。但这种无意识的幻想有一定的限度,其传播不能超出社会道德的约束。在这样的幻想里,主人公大都有着极高的颜值、完美的身材,能够走在时尚的前沿;能说会道,常常语出惊人,多才多艺,哄粉丝开心。优质的网红还要具备敏锐的观察力、渊博的知识和深邃的思想,比如罗振宇、papi酱等。对于受众来讲,这样的场景是完美的,在日常生活中无法轻易看到、得到,是一种稀缺资源。

网络红人满足了受众的本能欲望,传播者所呈现的世界是受众所向往的,而受众认为,只要与网红的长相、衣品、穿着、兴趣爱好等相一致,便完全可以将梦境变为现实,对于网红的喜爱和追捧进而就转变为对其所使用产品的追捧与效仿。因此可以说,网络红人是网红经济的核心。

2.纽带:粉丝文化

传统媒体时代,电视选秀类节目培养了一批狂热的支持者,他们根据个人偏好选择自己喜欢的参赛选手,这些狂热的受众被称为"粉丝"。粉丝不仅要时刻关注喜欢的明星或选手,付出精神上的代价,更重要的是,他们需要用实际行动支持偶像,付出时间和金钱,从投票、海报到门票,真正的粉丝是需要花钱的。这一时期粉丝与偶像的黏度不是特别强烈,对于偶像的关注要受到时间和空间的限制。由此产生的粉丝文化仅仅是节目的需求,不作为主要内容,是一种单向、离散的衍生品。移动互联网时代的到来,大大提升了粉丝与偶像的黏度,接收空间的无限制及接收时间的碎片化,更能够增加粉丝对偶像的热情与期待,生活的方方面面无不深受偶像的影响。

互联网时代,传播者利用数据分析,为目标受众制造了一个个虚幻的梦境,而一个个网红就成了虚幻的影像,产生了大批的忠实追随者——"粉丝"。所谓"粉丝",就是让渡部分思考主权给自己所信任或崇拜的对象。粉丝对于偶像狂热的追求而引发的粉丝文化,就会催生粉丝经济。"粉丝经济"是指通过提升用户黏度来优化口碑营销实效以获取经济收益与社会效益的信任代理形态与经济运作方式。

"物以类聚,人以群分",传播者与受众(粉丝)之间具有一定的相似度,这些粉丝以自己的偏好为主要标准,选择不同的网络红人作为偶像。不同的是,屏幕里面是理想化的生活世界,屏幕外面则是无奈的现实人生,由于两者具有极高的相似度,受众难免会产生这样一种想法:"如果跟她(他)的长相、兴趣、衣品、爱好等相一致,我也会成为她(他)。"于是粉丝失去了对于生活和选择的思考,不断追逐传播者所塑造的虚幻的"像",企图有一天成为屏幕里的"小哥哥""小姐姐",将网络红人对于衣食住行的定位与要求作为自己生活的选择和标准。

传播者利用受众这种追求与理想化生活一致的心理,通过网络红人在互联网平台开设店铺、代言品牌广告等方式,将线上的流量转化为经济效益,产生收益。粉丝文化正是网红经济得以形成和存在的必要条件。

3.转换:关系经济

网红经济不只是粉丝经济,关系经济才是其存在发展的充分条件。新媒体经济是一种关系经济,是一种以互联网为基础,以关系传播为纽带,以关系产品和关系转换为核心并创造出新的商业模式的经济活动,也是一种新的经济形态。关系产品、转换机制和价值实现构成了新媒体经济的三大要素。

如前所述,传播者通过互联网平台,利用大数据分析,为受众构建了一个虚幻的场景,传播内容对用户有较强的吸引力,满足了受众的某些心理或生理需求,他们对网络红人的崇拜和追捧就产生了粉丝。社交媒体以良好的技术性、交互性以及巨大的创造力,让人们自由地组合在一起,使得大众传播回归到人际关系的层面上,更加重视个体价值的实现。大量的粉丝在微博、微信等平台集聚,网络红人所传播的内容成为他们茶余饭后的谈资,这一内容包括网红的服饰、穿着、谈吐、声音等。这些内容会在社交平台上引发讨论、互动,促使粉丝与粉丝之间、网红与粉丝之间产生"关系",互动的频率越高,粉丝与粉丝之间、网红与粉丝之间的黏度越高、关系越紧密。产生"关系"的同时,也产生了巨大的"流量",将流量转化为经济效益则是网红经济的终极目标。

对于网络经济,互联网入口很重要。百度以搜索为入口,腾讯以社交为入口,阿里以电商为入口,满足人们需求的同时,将巨大的流量转化为经济效益。新媒体平台为网红提供了更多的传播渠道和传播方式,而传播者(网络红人)具备生产内容和吸引流量的条件,通过广告、电商、会员付费等商业模式,将流量转变为经济效益。目前,网红的变现方式主要有广告、分成及打赏。

前些年腾讯研究院撰写的《2016网红元年报告》显示,网红的发展有一个7年跃迁的现象,即大约7年为一个周期,网红就会进化一次。从以网络写手为代表的第一代网红到如今以网络直播、短视频为主的第四代网红,每一次更迭都会引起经济模式和内容生产的变化。归根结底,网红经济就是利用网红带来的流量和影响力搞零售业,产品是零售最重要的组成部分,零售的本质也是卖产品。网红有不红的时候,但是,网红所建立的品牌,尤其是高质量的内容和品牌,不会随着他的消失而消失。网红的品牌化运作包括了形象、版权、电商及纵向产业型发展、网红名人化后的企业化。网红还可以全链条参与互联网经济,包括泛网红内容创业、经纪服务链条、衍生产品全链条。

网红产生、网红传播、网红变现是网红经济实现可持续发展的第三阶段。网红经济的核心是网络红人,其实现的必要条件是粉丝文化,充分条件是关系经济。传媒业应以社会责任为先导,将传播者与内容连接起来,树立和强化个性风格与品牌意识、粉丝互动与服务意识、流量变现与产品意识,同时还要在价值创新与社会效益之间达到良性平衡。

(三)网红经济的未来

截至2018年9月,中国网红粉丝总人数达到5.88亿人,同比增长25%。纵观互联网时代,其实网红经济从没停止过,它是以网红的存在为基础的。网红经历了几个时代。网红1.0时代,是在天涯、猫扑、榕树下火起来的安妮宝贝、痞子蔡、南派三叔等,那个时候主要是基于文字。到了2.0时代,形象构建网红包装,凤姐、芙蓉姐姐、奶茶妹妹大行其道。网红3.0时代,是以段子手、电商模特、知名ID为主的短视频配合图文的时代,比如papi酱、罗振宇等。网红4.0,便产生于这两年最火的直播行业,比如冯提莫、李佳琦等。

如今,网红模式已经逐渐受到主流人群的认可。一个值得注意的变化是,广告已经成为继电商之后网络红人重要的收入来源,与广告主签约的网络红人占比已经超过一半。诸多网红,恰恰成为代言的最佳选择。比起以往明星高额的代言费与鲜有的互动,网红代言价格低,而且容易与用户互动,增加品牌黏性。在这种基础上,容易让用户产生爱屋及乌的"我喜欢"选择。苏宁在2016年"818发烧节"中,就一次请了818名网红联合直播,大获成功。迅速崛起的短视频平台也捧红了无数"网红"景点和产品。网络直播这么火,和它的高回报是分不开的。之前网络流传的"某直播平台金牌主播价目表"显示,"身价"最高的主播签约价已达到一月200万,即2400万一年,堪比一线明星,而中上的优质主播也会有20万~30万的总收入。具体来看,网络主播的吸金方式主要有两种,一是通过粉丝赠礼以后与平台分账,二是商品代言或者广告植入。直播平台的扎堆出现,使得网络主播的行业竞争日趋激烈,有的主播月入百万,有的主播却是几百块都赚不了的"小透明"。随着政府监管趋严,直播平台开始面临"洗牌",中小型直播平台一度面临着"生死考验",寄身其中的网红也受到波及。不过,到目前为止,直播网红总体来看依旧吸金能力强劲,尚未出现"过气"的现象。过去成为网红的变现渠道比较少,一直到了直播时代,网红才有成为"经济"的势头。

2016年堪称直播社交元年,直播App层出不穷,马云宣布天猫将入驻美妆、旅游等视频直播领域,而北京普思投资董事长王思聪也投资了熊猫直播。据媒体报道,2017年5月22日,欢聚时代旗下虎牙直播宣布获得7500万美元A轮融资;2017年5月24日,王思聪投资的熊猫直播宣布获得10亿人民币B轮融资;2017年5月31日晚间,花椒直播确认已完成10亿人民币B轮融资,其中包含天鸽互动2017年第一季度财报中披露的1亿元对花椒直播的投资。据艾媒咨询发布的《2016年中国在线直播/网红行业专题研究报告》分析,如今的网红经济已经初步形成了上、中、下游紧密联动的专业化生产产业链,网红更像是一种产品,上游负责生产产品,中游负责推广产品,下游负责销售产品,形成了拥有推广渠道、内容、销售途径等环节的营销闭环。不同的网红变现方式也有所差异,但主要的变现渠道在于广告、打赏、电商收入及付费服务,而当网红成为IP之后,其变现能力将更加强大,形象代言、出书、进军影视界、衍生品制作等都可能作为变现的方式。因此网红经济能持续走红,在很大程度上得益于网红经济初具产业链。

不过,目前网红经济也面临着一些困境,归结起来主要有两个方面的挑战。首先是网红的同质化,"网红脸"这个词可谓是将此体现得淋漓尽致。时至今日,各种网红培育企业多如牛毛,微博等娱乐软件上的"网络红人"比比皆是。对已经过度审美疲劳的用户而言,千篇一律的"网红脸"实在难以为继,也难怪"好看的皮囊千篇一律,有趣的灵魂万里挑一"火起来了。其次是网红产品的质量问题。日前,有媒体曝光了一款网红玩具炸包。这款在中小学生中风靡的玩具玩法十分简单,只需用手捏破外面的包装袋,炸包就会在3秒内迅速膨胀,然后发出爆炸的声音。价格便宜又好玩,炸包深受孩子们的喜爱。但是,经专家检验,炸包里含有碳酸氢钠粉末和强酸液体,液体一旦溅出会腐蚀皮肤。同样受到中小学生欢迎的还有网红产品水晶泥。这款产品颜色鲜艳、晶莹剔透,可以捏成各种形状,让不少孩子爱不释手。但是专家指出,制作水晶泥的硼砂水是一种有中等毒性的化工原料,江苏宿迁一位12岁小学生曾因误食而中毒入院。此外,日常生活里常见的网红玩具还有能发光的波波球。但是,据媒体报道,这种气球曾引发多起爆炸伤人事故,有消费者因在出租车上点燃了一支烟而引发波波球爆炸,导致怀抱气球的人手部深度烧伤。另外,部分网红在直播时传播低俗内容。2016年,既是直播社交的元年,同时也是网络红人的整治元年。资料显示,2016年4月文化部就查处了26个网络表演平台,关停4000多个涉嫌严重违规的直播房间。部分网红一夜暴富的现象也向广大青少年输出急功近利的价值观。这些现象无疑为网红经济注入了"泡沫"。

当然也有较为成功的案例。2019年3月,"口红一哥"李佳琦进行店铺直播,10秒钟卖掉1万支洗面奶。这销售速度虽然让人瞠目,但也只是网红带货大潮中的一朵浪花而已。

网红经济能红多久?看看资本取舍的结果就知道了。号称"网红电商第一股"的如涵控股赴美上市,但在上市首日,便遇上了暴跌37.2%的尴尬,此后上市5个交易日股价就被腰斩。有网友调侃说,美股群里冲着网红颜值去的投资人,都被套牢了。

确实,2019年的网红经济正处在冰火两重天的境地———一边是呼啸而来,呼啸而去,疯狂带货的狂热粉丝,一边是资本市场翻脸无情,股价暴跌或者遭遇撤资。投资网红papi酱的罗振宇不到7个月就撤资了事,而坚持了3年的王思聪也到底还是在2019年3月将熊猫直播关门大吉。

究其根源,这种"其兴也勃焉,其'凉'也忽焉"的经济现象的根本还是在于网红自身的特性。网红的走红皆因为自身的某种特质在网络作用下被放大,与网民的审美、审丑、追求刺激、偷窥、臆想、品味以及看客等心理相契合,有意或无意间受到网络世界的追捧。而网红经济,恰恰是依托网红为基础,通过社交媒体聚集人气,拉拢粉丝,再依托日渐庞大的粉丝群体进行定向精准营销,进而将粉丝转化为销售额或者其他价值的新经济模式。

应该说,网红经济的快速发展客观上起到了增加就业,提升服务效率的作用,而且也能够降低社会信息成本,弥合阶层分歧。但是随着社交媒体流量增长放缓,普通网红越来越难跃升为有号召力、带货能力强的头部网红。网红遇到越来越多的新问题:抢流量越来越难,流量变现越来越慢。为了继续红,为了更红,网红开始不断尝试挑战道德底线,背离社会公序良俗:直播时标新立异,"黑化"、"丑化"、践踏尊严完全可以不在意;带货时夸大其词,利用羊群效应煽动粉丝的从众心理;煽动粉丝到其他网红店或者名人微博进行"轰炸刷版",干扰正常的网络秩序。林林总总,不一而足。网红经济的发展日益在快速收割的路线上狂奔。

可以说,网红经济归根到底是一种经济现象,它不可能脱离经济规律而存在。即便网红经济现在成了一只"风口上的飞猪",一旦风力降低,或者风口转向,再特立独行的"飞猪"也要响应地心引力,回归大地。而且如果这只"飞猪"膨胀得越来越大,越来越和实体经济脱节,泡沫风险积聚,资本脱实向虚,产品华而不实,宣传弄虚作假,粉丝变成韭菜,最后硬着陆的"飞猪"迟早还是会遭遇经济领域多次上演的一地鸡毛、无人接盘的结局。

所以,网红经济不能只赚快钱,只希望更快速地收割市场,还要符合经济规律,做成蓬勃的线上、线下交互的网络生态。对网红而言，走长久维持热度、打造品牌可能是一条出路，网红升级为IP，可选择的路径才能大大拓展，当然这也要求网红拥有更多样、更全面的技能和素质。对市场而言，网红经济迟早要进入下半场，快速流量变现的模式无法持久，必须寻求更可靠的商业模式，而不能只是重复带货的电商路径。对监管者而言，由于网红经济的特殊性，政府和行业管理者对于网红市场的监管要有预防性和主动性，不能等造成了恶劣影响再去监管，那效果往往大打折扣。在对网红经济进行监管的制度建设上，要形成政府、行业、平台监管与自律结合的体系，最终实现网红经济监管的实时动态化。

直面两大挑战，在内容上加强创新，保持独特性；在质量上严格把关，保证质量优良。唯有如此，网红经济才能健康发展，网红经济才是真正的红而不是虚假的泡沫。

（四）网红经济的健康发展之路

网红经济将媒介视为渠道，将传播者与传播内容连接起来，通过对可持续内容生产的传播，满足受众不同的需求，使粉丝产生集聚效应，并打造自身品牌，最终实现产业化发展，吸引投资。没有当今发达的商业互联网，没有网红自身的条件和拼搏，没有背后的产业链支撑，网红红不起来，更撑不下去。网红经济要发展，在宣传营销上有三点需要注意并具备：

从传播模式来讲，应当具备风格意识与品牌意识。风格是指传播者所具有的独一无二的特质。个性化内容的持续生产，是传播者风格形成的关键，是传播活动赖以深入开展的条件。传播者应当对已划分的市场、已定位的受众生产个性化内容、提供个性化服务。信息时代的内容具有高度的可模仿性，所以，持续提供个性化内容和服务的必要条件是掌握竞争对手无法拥有的东西，提高竞争门槛，即提升核心竞争力。

持续的个性化内容生产，会产生品牌效应。法国作家布封认为"风格即人"，文学家的创作风格与其思想、阅历、文学修养有关，透过文学作品可以了解作家的一切，某类作品成为某个文学家的代名词；电影学上也讲"作者电影"，作品本身具有鲜明的个人风格。传统媒体的传播者往往将自己视为传播内容的工具，传播者与内容之间的关系是"间离"的，隔着一堵墙，传播者始终提醒自己"我在传播内容""内容与我无关"。风格化与品牌意识要求传播者有一种"斯坦尼斯拉夫斯基"的体验式意识，时刻认识到"我就是内容"，这里的内容是"泛内容"，不仅是生产出的思想、资讯、观点，也包括传播者的长相、行为、动作、衣着、装扮等言谈举止。当然，传播者要结合传播内容适当选择外在形式，这会直接影响到内容传播能否产生持续效应。传播者要达到"人""物"合一的境界——"内容即我"，通过具体内容体现其思想内涵、文化底蕴等内在之物，使传播内容深深地打上传播者的烙印。

从用户模式来讲，应当注重粉丝互动与服务意识。传播者提供具有一定热度的内容，与社交平台等新媒体平台上集聚的粉丝进行交流，这种交流可以是留言、点赞、评论等线上呈现，也可以在线下组织一些针对受众需求的活动。在这些交流互动中，传播者与用户、用户与用户之间会产生"关系"，并且随着互动交流频次的增多，这种"关系"的强度也会增加。同时，传媒从业者要具备服务意识，在交流互动中时刻注重数据的收集整理，利用数据反馈洞察用户需求，以便及时调整和响应需求。但是，粉丝意识要求传播者时刻维护自身形象，特别是传统媒体的传播者，在一定程度上是权威的代表，不能作出有损媒体和政府公信力的行为。

从商业模式来讲,应当具备流量变现与产品意识。持续的个性化内容的传播会集聚大量的粉丝,网红的服饰、用品、行为等内容,会被粉丝接受,传播者可以采用制造话题、策划活动、品牌代言等各种方式,将这些流量转化为潜在的购买力和经济效益。数据后台和数据分析能力是网红经济背后看不见的推手,这也是传统媒体经济难以做到的地方。互联网时代,数据无处不在,贯穿整个传播过程,从受众及市场分析、选题策划到内容传播与反馈,数据都起着十分重要的作用。传播者要树立自我传播意识、用户意识和产品意识,根据数据分析,找到用户和市场,提供个性化服务,创造新价值。

综上所述,可以归纳网红经济给传统传媒经济带来的三点启示:传播者也要被传播;新媒体经济的本质是关系经济,而网红经济也是一种关系经济,它是重建用户关系;网红经济揭示"互联网+"的本质——供需重构,即先有用户再做产品,先有需求再做供给。

当然,在这一过程中应当时刻把传媒的社会责任放在首位,不能在资本的驱动下一味追求经济效益。网络经济也是一种价值创新,即把文化价值与商业价值结合起来并实现效益最大化,但同时也需要找到社会效益与经济效益的平衡点。

"网红"产品,靠流量更要靠质量

人民时评

"网红"产品不能只顾"红"而忽略品质,还要从专注流量转化为提高质量,进而更好满足消费者的美好生活需要。

警惕虚假宣传、过度营销,携手将存在安全风险的产品赶出市场,方能避免劣币驱逐良币,让品质优秀的"网红"产品脱颖而出,更好满足市场需求。

时下,"网红"产品凭借新奇概念、独特设计,契合年轻消费者的个性化需求,在一些社交平台上形成传播热度,吸引了消费者的目光。同时,"网红"产品注重对接消费热点,讲究线上线下营销策略,改善了消费体验。然而,也有不少"网红"产品只顾"红"而忽略品质。

据媒体前不久报道,被称为"遛娃神器"的儿童轻便童车,抽样结果100%存在安全风险,且存在商家无法提供质量检测证明的情况。类似热销产品网络关注度一般较高,却潜存着质量安全问题。比如,发光冰块不过是内置了LED小灯泡,一旦误食便会危及身体健康;走红的美白产品暗地里添加了违规的化学成分,使用时会释放出甲醛;发光气球受到追捧,但遇到明火或高温极易发生爆炸,此前就曾发生过气球炸伤多人的事故……如何保障"网红"产品质量,有效防范相关安全风险,成为亟待解决的问题。

其实,"网红"产品并不局限于特定物品,也可以是景区、餐厅、游乐项目等。有数据显示,我国"网红"经济规模已达2万亿元。如此规模,"网红"产品更要从专注流量转化为提高质量,更好满足消费者的美好生活需要。如果总是投机取巧、追求一时"爆款",忽视了产品质量安全,最终只会害人害己。对"网红"产品来说,只有经得起时间检验,才能赢得更大的经济效益与社会效益。

从目前情况看,还缺乏明确的法律法规来规范"网红"产品背后的营销手段,但相关网络平台负有相应责任。例如,根据《网络商品交易及有关服务行为管理暂行办法》规定,为产品提供服务的网络平台,有责任和义务对其采取监管措施。事实上,由于"网红"产品可以带来巨大网络流量,一些网络平台对违规营销行为时常睁一只眼闭一只眼,更不必说关心产品质量。因此,应压实网络平台的主体责任,从源头把好"网红"产品的审核关口。

从根本上讲,需要加强市场监管,加大质量安全监管力度,显著提高违法成本。建立健全相关产品生产者、销售者诚信追溯机制,对严重失信者予以公开曝光。在全社会倡导"质量兴衰,人人有责"的理念,普及质量安全知识,引导消费者"用脚投票",提升群众的质量意识、安全意识和维权意识。警惕虚假宣传、过度营销,携手将存在安全风险的产品赶出市场,方能避免劣币驱逐良币,让品质优秀的"网红"产品脱颖而出,更好满足市场需求。

"网红"产品流行,适应了消费经济转型特点,反映着消费新态势。应当鼓励"网红"产品"强身健体",既找准消费热点、挖掘"卖点",也注重内在、确保品质,在追求"名气"的同时筑牢产品质量的底线。市场竞争,说到底要靠产品质量和服务水平。守护产品质量安全,激活"网红"产品的价值优势,中国质量、中国品牌的前景必将更为可期。

(资料来源:朱玥颖."网红"产品,靠流量更要靠质量.人民日报,2019-01-23(5)[2019-05-30].http://paper.people.com.cn/rmrb/html/2019-01/23/nw.D110000renmrb_20190123_2-05.htm.)

三、正确看待网络红人和网红经济

(一)大学生网红的是与非

如今的文化圈,特别是大众文化圈,已经和过去不一样。电影、电视、文学、音乐、传统艺术,这些领域中再精彩的节目也不可能如十几二十年前的"前辈"一样,几乎成为所有中国人的集体记忆,而网络狂欢造就的网络红人更被许多人视为"一种喧嚣的泡沫"。这是多元的时代使然,并非人力可以扭转。在这片繁花似锦中,有人看厌了中伤和争吵而倍感失望,也有人因为有数不清的自由选择而如鱼得水。那么,网络红人和传统名人有什么不同?归根到底只是成名的平台不同。

网红现象和网红经济在受到热捧的同时,也不可避免地遭到非议和质疑。投资人担心网红的昙花一现,怀疑网红经济的可持续性;社会评论家忧虑网红"三俗"的成名方式将损害只有依靠才华和努力才能成功的主流价值观;媒体则指出了网红江湖中的激烈竞争和潜规则,指出网红的成名过程充满变数。事实上,成名的不确定性、对女性的物化和周期性淘汰等问题,是包括网红在内的时尚文化的一种现状。或许,网红现象并没有我们想象的那样新奇,它只是现代名人文化在互联网时代的一个变体。

我们提倡当代大学生应该以自信为自己的人生态度。不少自信的网红以身作则,以积极的人生态度面对大众,通过自己的一技之长给予那些奋斗无果、碌碌无为的人一些希望和人生指南。提起papi酱,我相信大家应该都不陌生,一个表演专业的女孩,经过自己的摸索靠搞笑短视频脱颖而出。其幽默的说话语气,深刻独到的讲解,令人捧腹大笑的变声都是她带给观众的与众不同的体验,她的表现方式也让我们知道短视频还可以这样玩。然而papi酱出名后并没有选择安逸享受,还将第一笔商业变现所得的2200万元悉数捐给了母校——中央戏剧学院。的确,在视频中我们看到的是一个古灵精怪的姑娘,而在现实生活中她更是一个知恩图报、自身充满正能量的女孩。

当网红需要有一定的语言组织能力,尤其在开直播的时候,需要随机应变来应对突发情况,这对提高谈吐具有一定的帮助。除此之外网红还需要一技之长来维持自己的热度,这对培养自身爱好起到了督促作用。网红的职业可以赚取一定的利润,干得好的话经济独立也不是不可能,这对当代大学生来说更加难能可贵。

但是,网络世界毕竟纷繁复杂,大学生又还没有真正步入社会,对于一些有害于自己身心健康的东西可能没有特别强的辨别能力和招架能力。2018年某高校大一女学生因贩毒被广西南宁市江南区人民法院判处8个月的有期徒刑并罚款2000元,而该女大学生曾为网络女主播。她直言是在被粉丝邀请去酒吧玩耍时染上了毒瘾,甚至被逼去卖淫,最后受到法律严惩的她后悔至极。不少网红靠脸吃饭,以不法手段套取他人钱财,甚至有不少人认为当网红来钱快,急于放弃学业和文凭,这种做法终究是害人害己,得不偿失。

大学生更应该以自己的学业为重,大学毕业后找一个专业对口的工作,一来可以让自己多年所学有所发挥,二来也是为自己的长远发展考虑。自信不只取决于较好的外形,更重要的是内涵,"腹有诗书气自华"便可形容当代自信的大学生。当今时代也越来越注重内在美和人的综合素质与能力。我们鼓励自立自成,不断进步,做新时代的大学生。

(二)网红经济需加强监管

21世纪以来,国内各大产业受互联网影响开始转型,新的商业模式遍地开花。在激烈的竞争中,如何聚敛用户群便成了关键的一环。早期的互联网巨头擅用的是免费使用的功能主导模式,而时移境迁,在市场越加饱和的时代,用户群的培养越来越倾向于文化主导,尤其在文化产业内部,利用社群建构、情怀贩卖、粉丝效应来聚敛用户,已经是一种司空见惯的现象。

当今的网红早已不限于网红本身,他们和电商、广告、变现、融资紧密地结合在一起,成为如火如荼的经济链条上的一环。这一现象绝非偶然。网红诞生于互联网,而互联网的发展史就是从眼球效应到规模经济的成长史,网红亦然。正如明星是文化产业的重要环节,网红也是互联网经济的关键一环。因此,离开经济视角谈网红,便如无源之水、无本之木,终究不得要领。谈论网红离不开对互联网经济的洞察,那么,互联网经济又是何物?互联网经济即是用户至上、体验式消费和价值链创新,简单地说,便是先诱之以利,动之以情,以免费体验培养用户,再借机变现的商业模式。这就是网红经济的承载体系。

我们不得不承认，在网络直播视频开始流行的这些年，网络平台造就了一个又一个网红短时间内吸金爆红的神话。但是我们也不得不注意一些问题。首先，网红经济过于依赖平台，而且部分内容一直在打国家法律法规的擦边球，目前国内有关法律体系还不健全，一旦出现政策上的压迫或改变，网红时代也将随之终结。其次，网红经济其实有很大的泡沫，如果任由其肆意滋生和发展，不进行有效的调控，不论是对经济还是社会道德，其造成的负面影响都将会不可估量。

时下人们对网红经济颇有微词。在流量变现成为互联网商业逻辑的时代，网红经济利用网红奇货可居。但网红经济有一个与生俱来的"硬伤"，就是网红时不时地以粗俗为卖点，吸引粉丝的眼球。网红很多简单、直接的短视频选取自日常生活中的槽点与痛点，单刀直入，毫不留情，网民随手一点便捧腹大笑，获得快乐。但网红的视频内容里时不时会出现一些粗俗的言语，特别是一些段子手网红，用幽默诙谐的段子针砭时弊，有些不乏哲理，但有时也透露出低俗甚至下流。由此衍生的网红经济不免打上灰色经济的烙印，虽然能增加GDP，但这样的GDP对国民素质可能是一种伤害。

虽说目前的网红不只靠颜值更靠技能，不仅要"貌美如花"，还要"妙笔生花"，但大部分网红生命周期短、盈利能力弱等短板始终是网红经济发展过程中不可逾越的瓶颈。

不过风投们不是傻子，他们将巨额资本投放在网红身上，自然是因为其具有利润想象的空间。网红经济在极短时间内能积聚起巨大的购买力，风投们在速战速决中也能赚得盆满钵满。因此，风投的商业表演是跑步进入网红经济，捞一把就走。精明的风投更愿意把资本投给"庇护"网红的平台，因为平台容易产生很多网红，有更多的选择可能性。

而网红经济要想走得远一点，差异化生产十分重要。俗话说，"文无第一，武无第二"，没有任何一部文艺作品因为它像另一部文艺作品而被观众、听众或读者记住，同样也没有任何一个表演者因为他的表演风格模仿另一位艺术家而被人们记住，就算能够名噪一时，也会被人们遗忘，因为人们只会记住第一名。网红经济必须走差异化道路，另辟蹊径，创立自己的品牌，有自己的主打产品，即与众不同的网红才能延续生命周期。

网红经济要想走得远一点，遵纪守法是一条正道。这是一个"言论自由"的时代，人人都是自媒体，人人都掌控着一个话筒，但这绝对不是信口雌黄、胡说八道的时代。互联网应有纪律约束，网红经济也必须有制度约束。

业内比较一致的观点是，网红经济是可持续的，也将会成为常态化，但单个网红的持续走红是不可能的，因为网红只是特定时间阈值内的自我表现。目前网红经济变现模式还相对单一，盈利模式也在摸索过程中，但只要需求存在，该行业就不会"死掉"，网红市场的乱象也会随着优胜劣汰而退出网络平台。

无论人们多么热衷于谈论网红以及网红经济，但能真正火起来且活下去的网红终究是小概率事件。拿"3.0时代"专注于内容创作的网红来说，他们如何变现依旧存在不少困境，每一个流量平台的成长都会推起一波新的网红，附势前来的后继者们很难超越。papi酱们的"幸运"，代表不了网红这个群体的命运以及这个行业的趋势。当然，这并不影响人们对网红经济的关注。毕竟，网红经济是这个时代不可忽视的新业态。

值得注意的是，关注并不等于无条件追捧。当下，为了成为网红，一些人突破底线，以炫富、色情等内容污染社会风气。而网红时代的大众似乎更容易被"愚弄"，互联网并没有让大众变得更理智,相反,人们对新事物的追捧常常表现出非理性的盲从。相关部门应该对这一新事物加强研究,创新管理。

网红不是坏事物,但网红绝对不该放置于被崇拜的位置,它只不过是互联网大潮中的一朵浪花而已,能红火多久,尚不得而知。所以,淡然围观,冷静甄别,而对"出格""踩线"则必须加强管理,这才是看待网红以及网红经济的正确态度。

网红经济需探索可持续盈利方式

"网红经济",主要是指在社交媒体上具有一定影响力的网络红人,依托庞大的粉丝群体定向营销,从而将粉丝流量转化为价值、衍生出各种消费市场新商业模式。如今,随着互联网流量红利逐渐见顶,企业之间围绕流量的争夺越来越激烈,流量意味着热度、意味着竞争优势。正因如此,抖音、快手、微信等应用成了企业营销的兵家必争之地,社交电商、网红经济等新商业模式应运而生,推动了社交媒体和电子商务走向深度融合,也成为资本市场竞相追逐的一大"风口"。

然而,"网红经济"的发展也面临诸多短板。从目前的行业实践看,"网红经济"主要有3个盈利来源:直播平台上粉丝打赏,社交媒体上植入品牌商广告,电商平台上向粉丝销售商品。无论哪种模式,"人红好卖货"都是"网红经济"变现的普遍路径,成功的网红往往能凭借自身的独特个性脱颖而出。但如果高度依赖"网红"个人特质,这种模式或许能带来个体化层面营销的成功,却难以支撑一个规模化企业的成功。

同时,内容生产的同质化也饱受诟病。搞笑、娱乐、消遣是大多数"网红"的标签,由于没有形成鲜明的个人风格和原创能力,导致许多"网红"尽管在短时间内能获得巨大流量、快速变现,但会被快速更新替代,缺乏盈利的可持续性,久而久之难免被市场和消费者淡忘。此外,由于入行门槛较低,一些"网红"过分依附营销炒作、外表包装,既无内涵,也无创造力,甚至通过低俗手段博眼球、博出位,某些直播短视频平台屡屡因此被监管部门"点名"。这一行业发展中的乱象亟待破除。

防止"网红经济""风口"变"封口",社交媒介平台在内容输出方面应保持创新活力,依托个性鲜明、持续稳定的优质内容,稳定消费者的数量和忠诚度。同时,要严格"网红"的职业准入门槛,引导其树立健康形象,传递正确的价值观、生活理念和消费方式。更重要的是,"网红经济"要探索具有可持续性的盈利方式,不能只是简单依赖粉丝打赏和卖货,要真正帮助品牌商实现品牌价值。

(资料来源:鸣涧.网红经济需探索可持续盈利方式.(2019-04-25)[2019-05-30].http://www.xinhuanet.com//info/2019-04/25/c_138007188.htm.)

思 考 题

1. 如何正确看待网红?

2. 大学生当网红好吗?为什么?

3. 你认为网红经济是否是未来发展的趋势?为什么?

参考文献

[1] 谭天,邵泽宇.网红经济:传播者与内容的连接.(2019-02-27)[2019-05-30].http://media. people.com.cn/n1/2019/0227/c425664-30905309.html.

[2] 谭天.新媒体经济是一种关系经济.现代传播(中国传媒大学学报),2017(6):121-125.

[3] 董鹏,刘志华,郑习全,等.浅析"网红经济"的现状与影响.商业经济,2018(11):84-85.

[4] 张怡帆.浅析微时代下网红营销模式:基于对网红营销的思考与解读.现代营销(创富信息版),2018(10):230.

[5] 朱玥颖."网红"产品,靠流量更要靠质量.人民日报,2019-01-23(5)[2019-05-30].http:// paper.people.com.cn/rmrb/html/2019-01/23/nw.D110000renmrb_20190123_2-05.htm.

[6] 钟俏莹.网红经济如何更靠谱.人民日报(海外版),2018-11-21(11)[2019-05-30].http:// paper.people.com.cn/rmrbhwb/html/2018-11/21/content_1893979.htm.

[7] 鸣涧.网红经济需探索可持续盈利方式.(2019-04-25)[2019-05-30].http://www.xinhuanet. com//info/2019-04-25/c_138007188.htm.